MESSAGES
pour la Vie

MOHAMMED SANOGO

MESSAGES pour la Vie

31 Dévotions quotidiennes pour ordonner
et organiser ta vie selon Dieu

Les passages bibliques utilisés dans ce livre sont extraits de la version Louis Segond 1910, sauf indiqué.

MESSAGES POUR LA VIE, Nº4

Copyright © Février 2019 Mohammed SANOGO

Edité en République Démocratique du Congo par :
ECKI Publications
Email : eckipub@gmail.com

Distribution assurée par **Vases d'Honneur Collection**
28 BP 1653 Abidjan 28
Côte d'Ivoire/Afrique de l'Ouest
Téléphone : +225 22 41 29 80
Site web : www.vasesdhonneur.org

Couverture et mise en page : ECKI Publications

Dépôt légal : 07.2.2019.058

MES OBJECTIFS PRIORITAIRES DU MOIS

Ecris-les   ici Evaluation

_____   _____

_____   _____

_____   _____

_____   _____

_____   _____

_____   _____

_____   _____

_____   _____

_____   _____

_____   _____

_____   _____

_____   _____

_____   _____

AVANT-PROPOS

Extraordinaire ! Tu es sur le point de révolutionner ta vie quoti-dienne au travers du dévotionnel «**Messages pour la vie**». Des messages choisis et pertinents pour t'accompagner et t'inspirer dans tes moments de dévotion avec Dieu. En effet, il n'y a pas un seul moment de la journée qui soit aussi bénéfique que le temps passé dans la présence du Seigneur.

Quelqu'un a dit : «L'Evangile amène l'homme à Dieu ; et les dévo-tions le maintiennent près de Lui.» Et à la Bible de rappe-ler ceci : *«Approchez-vous de Dieu et Il s'approchera de vous.»*

Si chaque jour tu recherches une relation plus étroite avec Dieu, au travers de la prière et de Sa Parole, tu te rendras compte qu'Il se rapprochera da-vantage de toi. Ainsi donc, le but de ce livre est de t'attirer près du cœur de Dieu. En appréciant Sa douce pré-sence, ta vie sera irradiée de Sa gloire et plus que jamais tu ne reste-ras la même personne !

Lis ce livre chaque jour tout au long d'un mois et découvre combien il peut t'aider à appliquer la pensée de Dieu et Ses direc-tives dans ta vie quoti-dienne. Aussi, tu apprendras des vérités qui te permettront de connaître davantage le Seigneur et de rester en connexion avec Lui.

Bonne lecture et que Dieu te bénisse !

Pasteur Mohammed SANOGO

COMMENT UTILISER CE LIVRE ?

🖋 Messages pour la Vie est une collection de 365 dévotions quotidiennes publiées en 12 ouvrages différents. Soit un aspect important de ta vie spirituelle y est abordé durant un mois ou même plus.

🖋 Avec une lecture progressive et complète des tous les 12 ouvrages, tu acquerras des vertus qu'il faut pour accomplir ta destinée et plaire au Seigneur.

🖋 Chaque ouvrage compte environ 31 dévotions, soit un ouvrage par mois et une dévotion par jour. Ainsi, grâce à la méditation et à la prière, tu progresseras chaque jour dans ton intimité avec Dieu et dans ton service pour Lui.

🖋 Lis attentivement le message qui t'est proposé pour chaque jour. À la fin de celui-ci, nous te proposons une action du jour, qui est éga-lement un sujet de prière. En priant, fais-le avec foi et cela produira des résultats dans ta vie.

🖋 Pour t'aider à lire la Bible entière, nous avons développé deux plans de lecture, l'un pour une année et l'autre pour 2 ans. À toi de choisir le plan qui te convient.

🖋 Le plan de lecture de la Bible en 1 année a été divisé en deux parties chaque jour : l'Ancien Testament le matin et le Nouveau Testament le soir.

🖋 Le plan de lecture de la Bible en 2 ans a été divisé également en deux parties chaque jour : tous les livres de la Bible le matin, sauf les livres de Psaumes et de Proverbes qui sont réservés pour le soir. Ce qui te permettra de lire ces deux livres quatre fois en deux ans.

❧Chaque mois tu es censé te fixer des objectifs prioritaires. C'est la raison pour laquelle nous t'avons proposé un espace pour écrire ces objectifs. Cela te permettra de mesurer ton succès dans l'accomplissement de ceux-ci.

❧A la fin de chaque semaine, nous t'avons fait un condensé des 7 messages que tu as lus toute la semaine en te proposant une phrase forte pour chacun de ces messages.

❧Après cela, tu trouveras 3 pages pour la prise de notes de prédications des tous les dimanches du mois. Ainsi tu pourras les archiver en ordre.

AIE SOIF DE DIEU

« Je suis pressé des deux côtés : j'ai le désir de m'en aller et d'être avec Christ, ce qui de beaucoup est le meilleur ; mais à cause de vous il est plus nécessaire que je demeure dans la chair. » (Philippiens 1 : 23-24)

Pendant les premières années de ma conversion, dans les années 1990, le Seigneur m'accorda la grâce d'avoir une vision très forte du Paradis et de tout ce qui nous était réservé après la mort. Cette vision renforça mon désir de m'en aller auprès du Seigneur et fut la base de ma quête perpétuelle de la présence de Dieu.

Qu'ai-je vu? J'ai vu un endroit très beau, sublime, extraor-dinaire ; où il y avait la paix, on pouvait ressentir cette paix intérieure, que Seul Dieu peut nous donner. Les sensations et les émotions qui me traversaient étaient, et sont encore à ce jour indescriptibles, tant elles étaient intenses et belles.

C'était un endroit magnifique et tellement merveilleux qu'au sortir de cette vision, j'ai désiré ardemment mourir. Je priais donc pour la mort afin d'aller auprès du Seigneur. Je me disais : « Pourquoi vivre dans ce monde où il y a tant de défis à relever, tant de péchés qui me poussent à abandonner la main du Seigneur ?» J'ai dit au Seigneur : « Prends-moi, je veux être auprès de Toi. La vie dans ce monde ne vaut plus la peine d'être vécue». J'ai prié ainsi pendant des années.

En guise de réponse, deux événements particuliers vinrent changer mon désir de mourir et booster ma soif de devenir un intime de Dieu : la ré-vélation du Tabernacle de Moïse, que nous étudierons ce trimestre et une vision que je reçus sur l'enfer.

Dans cette vision, je vis une énorme foule d'hommes et de femmes enchaînés et entraînés par des démons vers une grande fosse en feu ; mais la foule était inconsciente de ce qui se passait et chacun vivait comme bon lui semblait. Cette vision me bouleversa tellement que je sortis immédiatement pour évangéliser.

Ces deux choses ont suscité en moi le désir de rester en-core sur cette terre, de demeurer ici-bas, afin de renforcer mon intimité avec Dieu et ga-gner des âmes à Christ.

ACTION DU JOUR : Evalue ta soif divine. Cette soif est-elle intense au point de créer en toi le désir de mourir juste pour être auprès du Sei-gneur? Ou désires-tu les choses de ce monde plus que tout ? Si tu es animé par les désirs du monde, repens-toi.

À méditer : Exode 33 :11-17

CHERCHE À DEVENIR LE MEILLEUR AMI DE DIEU

«Je regarde toutes choses comme une perte, à cause de l'excellence de la connaissance de Jésus-Christ mon Seigneur, pour lequel j'ai renoncé à tout ! » (Philippiens 3 : 8)

Dans la vie, c'est toujours une bonne chose de se fixer des objectifs et de les atteindre. Aujourd'hui, je te propose de t'approprier ce challenge : devenir l'un des meilleurs amis de Dieu; sinon LE meilleur.

À première vue, cela semble irréaliste pour un mortel marqué par le péché. Mais crois-moi ce n'est pas du tout une utopie, je ne te parle pas de quelque chose d'impossible et d'irréalisable, puisqu'il qu'il y a des gens comme toi et moi qui sont parvenus au niveau d'ami de Dieu. Tu peux devenir un ami de Dieu. Tu peux même devenir le meilleur ami de Dieu. Tu peux atteindre une telle intimité avec Lui. Ce dévotionnel et les deux numéros qui suivent te montreront comment cela est possible.

L'intimité avec Dieu permet de vivre des expériences ex-traordinaires. En faisant de cette relation la quête de ma vie, j'ai découvert et compris beaucoup de choses. L'une des choses que j'ai comprises est que le niveau d'intimité du chrétien avec son Dieu déterminera, non seulement son salut, mais aussi le niveau d'exaucement de ses prières. J'ai égale-ment compris que lorsqu'on sera au ciel, auprès du Seigneur, tous les chrétiens n'auront pas la même position, le même statut ; et que leur position sera déterminée par leur attitude sur la terre.

C'est vrai qu'après avoir cru en Jésus nous sommes sauvés, mais l'intimité qu'on aura avec Dieu dans notre marche quotidienne avec Lui, déterminera aussi l'intimité que nous au-rons avec le Seigneur après la mort. Tu peux donc comprendre que réussir le challenge de devenir un intime de Dieu aura une merveilleuse conséquence sur ta position dans l'éternité. Pour devenir un intime de Dieu, la première chose c'est d'avoir soif de Lui. Ma plume poursuit le but de créer en toi un profond désir de connaître Dieu. Tu dois arrêter d'avoir une relation superficielle avec Lui.

Si tu n'es pas satisfait ou épanoui dans ta vie chrétienne actuelle, malgré de très grandes expériences avec le Seigneur, si tu continues à ressentir le besoin de Le connaître et d'être Son intime, ma prière est que le Seigneur se révèle à toi comme Il l'a fait pour moi.

ACTION DU JOUR ET PRIÈRE DPrends la ferme résolution de faire de l'intimité avec Dieu la plus grande quête de ta vie. Et demande au Seigneur de t'ac-corder la grâce d'y parvenir.

À méditer : Jean 14 : 21

Jour 3

RECONNAIS TON BESOIN ULTIME

«Jésus lui répondit : Quiconque boit de cette eau aura encore soif;
mais celui qui boira de l'eau que je lui donnerai n'aura jamais soif,...»
(Jean 4 : 13-14)

Tout au long de ma vie, je me suis rendu compte que tous les hommes ont comme une profonde soif en eux qu'ils n'arrivent pas à étancher. Ils cherchent à remplir ce vide avec l'argent, le travail, le pouvoir, le sexe, le plaisir et que sais-je encore ? La plupart des chrétiens pensent pouvoir combler ce manque par les exaucements matériels à leurs prières ou par la réalisation de leurs objectifs spirituels. Mais en vain !

L'entretien de Jésus avec la femme samaritaine en est une belle illustration. Celui-ci, pour introduire la conversation avec elle, lui demande de l'eau à boire, ce qu'elle refuse, sous le prétexte de l'inimitié qui existe entre les samaritains et les juifs. Jésus, de son côté, lui fait comprendre qu'Il est en me-sure de lui donner une eau capable d'étancher sa soif de ma-nière définitive.

Alors que la samaritaine Lui demande de cette « eau miracle » qui comblerait ce besoin permanent de venir puiser au puits, la réponse de Jésus est surprenante : « Va chercher ton mari ! », Lui dit-Il. Jésus attire l'attention de la femme sur un problème récurrent dans sa vie, porté par une soif mal identi-fiée ou mal orientée.

Il lui fait comprendre que tant que son besoin, à savoir sa soif, sera mal identifiée, elle aura toujours soif, quelles que soient les solutions apportées. Jésus se présente alors comme la véritable solution au problème de la samaritaine : « Mais celui qui boira de l'eau que je lui donnerai n'aura jamais soif, et l'eau que je lui donnerai deviendra en lui une source d'eau qui jaillira jusque dans la vie éternelle. » (Jean 4 : 13-14)

Jésus lui parlait de la véritable solution au problème inté-rieur qui la rongeait, et dont elle n'avait pas réellement conscience.

Nous sommes tous comme cette femme Samaritaine, cher-chant à combler un vide profond par des choses que nous croyons être les véritables objets de notre soif (le mariage, les enfants, l'argent, le pouvoir, etc....). Et quand bien même nous arrivons à atteindre ce que nous pensions rechercher, nous continuons à ressentir en nous une SOIF. Cette soif est la SOIF DE LA GLOIRE, DE LA PRÉSENCE DE DIEU

ACTION DU JOUR : Je dois prendre conscience, une fois pour toute, que la soif de la gloire de Dieu est mon besoin ultime.

À méditer : Psaumes 84

SEIGNEUR, FAIS-MOI VOIR TA GLOIRE

«Moïse dit : Fais-moi voir ta gloire ! »(Exode 33 : 18)

La soif de la gloire de Dieu ne concerne pas seulement les hommes et femmes ordinaires telles que la femme samari-taine de Jean 4. Lorsqu'on lit la Bible, dans Exode 32 : 31-35 et 33 : 1-23, on se rend compte que cette soif de la gloire de Dieu a été aussi la quête du grand serviteur du Seigneur, Moïse. Dans les passages mentionnés ci-dessus, on découvre Moïse emporté dans un intense moment d'intercession.

Dans son adresse à Dieu, il exprime ce à quoi il aspire au plus profond de son être : voir Sa Gloire ! La question que je me suis posé en lisant ce passage est la suivante : « Que recherchait encore Moïse? » Pour moi, le prophète Moïse venait de voir le rêve de sa vie se réaliser : libérer Israël de l'esclavage égyptien. Que pouvait-il désirer de plus?

Ce désir, cette quête, qui l'avait même amené à perdre sa position et ses honneurs princiers, avait été pleinement exaucée ; il était maintenant utilisé par Dieu comme personne avant lui par des prodiges et des miracles extraordinaires. Sous la puissante main de Dieu, il avait vu ses ennemis engloutis par les eaux et son peuple libéré...

Et pourtant, malgré tous ces résultats, Moïse restait insatisfait et criait encore à Dieu « je veux voir ta gloire ! ». N'était-ce donc pas la gloire de Dieu qu'il avait vue au travers de tous ces miracles ? Après la libération du peuple hébreu, Moïse, qui aurait dû logiquement être comblé, demande en-core à voir « la gloire de Dieu ».

Quoi donc ?? La gloire de Dieu ne serait-elle pas dans le feu, dans les tremblements de terre ou les miracles extraordinaires ? Encore moins dans les manifestations de la puissance du ciel ? Assurément pas !

La gloire de Dieu n'est pas dans l'atteinte de nos objectifs divers, dans les grandes réalisations de notre vie ; ni dans la manifestation du pouvoir et du prestige. Pour Moïse, la prière qu'il formula à Dieu était l'expression de sa véritable soif : La gloire de Dieu. La véritable gloire est donc la réponse au vide intérieur de tout homme. Apprends à la rechercher plus que tout au monde.

PRIÈRE : Seigneur, comme Moïse Te l'a demandé, je Te le demande aussi: «Fais-moi voir Ta gloire». Au nom de Jésus. Amen

À méditer : Psaumes 143 : 6

Jour 5

LA GLOIRE DE DIEU SE TROUVE DANS SON INTIMITÉ

« Maintenant, si j'ai trouvé grâce à tes yeux, fais-moi con-naître tes voies ;
alors je te connaîtrai, et je trouverai encore grâce à tes yeux. »
(Exode 33 : 13)

À la lecture de ce verset, nous réalisons qu'au désir de Moïse de voir la gloire de Dieu, se mêle cette soif de connaître Dieu Lui-même et d'aller à Sa rencontre, dans Son intimité. Le mot "connaître" qu'utilise Moïse vient du verbe hébreu "yada" (A.T.) ou du mot grec ginôskô (N.T.). Il signifie entre autres avoir la révélation et la compréhension d'un sujet, mais aussi "avoir des relations sexuelles", "avoir des rapports intimes". Par exemple, la Bible dit en Genèse 4 : 1, qu'« Adam connut Eve, sa femme ; elle conçut, et enfanta…». Le mot utilisé ici pour « connut » est yada.

Ainsi, Lorsque Moïse dit à Dieu « je veux Te connaître », il parle non seulement de la compréhension des voies de Dieu, mais encore plus d'une relation « intime » entre Dieu et lui. Il parle d'une vie de Dieu en lui et d'une vie de lui-même en Dieu. Ce mot « connaître » engage Moïse à avoir une relation amoureuse profonde et intime avec Dieu. La Gloire de Dieu est donc étroitement rattachée à notre connaissance, à notre degré de fusion et d'intimité avec Lui. Si donc tu "connais" Dieu, de façon "intime", alors tu verras "Sa gloire" ! Paul ayant également compris cela pouvait dire, dans Philippiens 3 : 4-10, qu'il regardait toutes choses comme une perte, à cause de l'excellence de la connaissance de Jésus–Christ pour lequel il avait renoncé à tout. Il était prêt à renoncer à tout ce qui avait de la valeur pour lui dans le seul but de "connaître" c'est-à-dire, fusionner, devenir l'intime de Christ; et donc de Dieu. Nous retrouvons les notions de fusion et de partage (communion), mais aussi de conformité (s'identifier à Christ).

Certaines personnes croyaient qu'un bon boulot ou un poste avec un bon salaire les comblerait. Mais, elles sont res-tées avec la même soif. D'aures personnes ont cru que le mariage étancherait leur soif, elles se sont mariées, que leur foyer soit bon ou mauvais, elles ressentent encore un vide en elles, et ont besoin de quelque chose qui les comblerait, une chose sur laquelle elles n'arrivent pas à mettre un nom, mais dont le vide reste présent dans leur existence. Moi, je peux te dire avec certitude que cette chose n'est rien d'autre que la GLOIRE de Dieu. Si tu regardes au fond de toi-même avec honnêteté, tu sentiras un vide, un besoin, une soif. Cette soif que rien ne semble pouvoir étancher, c'est celle de la gloire de Dieu et la connaissance de Son intimité.

ACTION DU JOUR : Je dois être prêt à renoncer à tout ce qu'il faut pour approfon-dir mon intimité avec Dieu.

À méditer : Amos 8 : 11

LA PRÉSENCE DE DIEU, L'ADRESSE DE SA GLOIRE

*«Quand ma gloire passera, je te mettrai dans un creux du rocher,...
tu me verras par derrière, mais ma face ne pourra pas être vue. »
(Exode 33 : 22-23)*

En réponse à la demande de voir Sa gloire, Dieu fit voir à Moïse tout juste une partie de Lui et de Sa gloire. Malgré toutes les précautions prises et toute l'œuvre qu'il a abattue, Il ne put voir la plénitude de cette gloire. Car la véritable Gloire de Dieu est assimilée à Dieu Lui-même

Tu me diras certainement ceci : si le grand serviteur de Dieu, Moïse, n'a pu voir cette plénitude, comment pouvons-nous, nous autres avoir accès à cette gloire ? Nous, simples serviteurs ou simples fidèles d'aujourd'hui, qui n'avons pas expérimenté le quart de ce que Moïse a fait et vu ? Notre soif sera-t-elle un jour étanchée ? Rassures-toi, j'ai une bonne nouvelle pour toi : cette Gloire nous a été réservée depuis le début. Oui, "nous", car tu y as droit, toi aussi ! Elle n'était pas destinée aux prophètes et aux serviteurs de Dieu du temps de Moïse. Elle est destinée à tous ceux qui s'abritent dans ce ro-cher et pour lesquels Jésus a payé le prix fort : NOUS, toi et moi. Il est dit au verset 21 d'Exode 33 que ce Rocher est près (à proximité) de Dieu ; et que si Moïse voulait voir Sa gloire, il lui fallait se tenir (demeurer, s'appuyer) sur « le rocher ». Note encore que Dieu dit à Moïse sur LE Rocher et non sur 'un' Rocher, comme si Moïse savait très bien de quel rocher il était question. 1 Corinthiens 10 : 4 dit que ce Rocher était spi-rituel et que c'est dans le creux de celui-ci que Dieu avait pla-cé Moïse (c'est-à-dire en Christ). En effet Christ est ce rocher, et Il a toujours été auprès de Dieu (« près de moi ») et auprès du peuple de Dieu. Pour tout dire, il est évident, à la lumière de cette révélation que si tu ne t'appuies pas sur Christ (« tiens-toi sur »), si tu ne t'abrites dans Son sein (« caché dans le rocher »), alors tu ne peux prétendre même "entrevoir" la gloire de Dieu, comme Moïse l'a fait.

Moïse, les grands prophètes, et même le roi David recher-chaient la gloire de Dieu. David adresse ces paroles à l'Eternel dans les Psaumes : « Eternel ! J'aime le séjour de ta maison, Le lieu où ta gloire habite » (Psaumes 26 : 8). Ceci nous aide à comprendre que la gloire de Dieu ne se trouve que dans Sa maison, dans Son tabernacle, dans Sa présence.
Au cours des 4 prochains jours, tu verras les conséquences directes d'un manque d'intimité avec Dieu. Puisse le Seigneur t'aider à les éviter au nom de Jésus.

ACTION DU JOUR : Je dois passer du temps dans la présence de Dieu si je désire voir Sa gloire.

À méditer : Psaumes 27 : 4 ; Psaumes 84 :10

SANS INTIMITÉ,
POINT D'ÉPANOUISSEMENT

« Si vous demeurez en moi, et que mes paroles demeurent en vous,
demandez ce que vous voudrez, et cela vous sera accor-dé. » (Jean 15 : 7))

Plusieurs chrétiens mènent des vies chrétiennes infructueuses. On re-marque au sein de l'église qu'il n'y a pas beaucoup de chré-tiens dont les prières sont exaucées. Après plusieurs années de ministère pastoral, avec le nombre de chrétiens que j'ai suivi, et en observant ma propre vie, je pourrais avancer sans risque de me tromper que très peu de chrétiens peuvent af-firmer être exaucés chaque fois qu'ils prient.

Or, le Seigneur dit dans Sa parole : « Demandez et vous re-cevrez » (Jean 16 : 24); ce qui signifie que ce que tu demande-ras te sera accordé. Mais combien de chrétiens peuvent-ils effectivement soutenir que ce qu'ils demandent leur est effec-tivement accordé? Il n'y a en a pas beaucoup. Je me suis alors posé plusieurs questions : Est-ce Dieu le problème ? Est-ce que c'est ce verset qui est faux, ou est-ce que c'est nous qui avons des problèmes ? En réponse à mes interrogations, Dieu m'a parlé de Son Intimité. Les gens ne sont pas intimes de Dieu. C'est vrai qu'on pourra évoquer le défaut de foi. C'est possible, mais la foi fait partie du cheminement de l'intimité avec le Seigneur. Certains pensent que Dieu n'exauce pas leurs prières parce qu'Il ne les entend pas, ou qu'Il n'a pas le temps pour eux. Ils n'ont pas tout à fait tort, car Dieu ne t'entend pas si tu n'utilises pas le bon langage. Il n'accorde pas non plus d'attention à ceux qui ne répondent pas aux critères d'exaucement. D'autres encore pensent que Dieu fait de la discrimination dans Son exaucement. Pourtant, il va sans dire que, plus tu es proche d'une personne, plus tu as la possibili-té de bénéficier de ses largesses. Oui, ton niveau d'intimité avec Dieu détermine le degré d'exaucement de tes prières. Prenons par exemple le chef de l'Etat. Le garde devant son domicile a plus de possibilité d'obtenir ses largesses que le commun du peuple. Les membres du cabinet ont à leur tour plus de possibilités que le garde. Le chef de protocole en a encore plus, mais pas autant que ses enfants et son épouse.

J'insiste sur l'intimité avec le Seigneur car sans elle, tu ne seras pas comblé et tu risques alors dans ta quête d'exaucement de te compromettre avec le monde. Plus tu es proche de Dieu, plus tu sens, plus tu vis Sa grâce et plus tu peux avoir gain de cause pour de nombreux besoins. Tu connaîtras ainsi la joie de l'exaucement. Tu prieras et recevras une réponse effective à tes prières. Tu découvriras, à un cer-tain niveau d'intimité, que toute la Parole de Dieu est la vérité.

ACTION DU JOUR : Sonde ta vie pour voir si tes œuvres t'éloignent ou te rappro-chent de Dieu. Es-tu en Christ ou dans le monde ? Demande au Seigneur la grâce de toujours poser les actes qui te rapprochent de Lui. AA

À méditer : Romains 4 : 16-22

CE QUE JE DOIS RETENIR

POUR CETTE SEMAINE :

1 Au fur et à mesure de ma marche avec le Seigneur, mieux je Le connaîtrai, plus je L'aimerai et désirerai être auprès de Lui.

2 Tous ceux qui sont devenus intimes de Dieu ont fait de cette quête le plus grand désir de leur vie.

3 Mon besoin ultime n'est ni le succès, ni l'argent, ni le boulot, ni le mariage, etc. mais bel et bien la gloire de Dieu.

4 La puissance de Dieu ne comblera pas le vide intérieur qu'il y a en moi. Seule la gloire de Dieu peut le faire.

5 Connaître Dieu ou vivre dans l'intimité avec Lui est le secret par excellence pour expérimenter Sa gloire.

6 La présence de Dieu est l'unique adresse de la gloire de Dieu.

7 Plus je deviendrai intime de Dieu, plus mes prières seront exaucées.

NOTES

SANS DIEU, POINT DE GLOIRE

«Parce que tu dis: Je suis riche, je me suis enrichi, et je n'ai besoin de rien, et parce que tu ne sais pas que tu es malheu-reux, misérable, pauvre, aveugle et nu. » (Apocalypse 3 : 17)

L a conséquence des vies sans intimité avec Dieu est la corrup-tion qui s'infiltre dans l'église. Aujourd'hui, il est difficile d'observer une différence entre les enfants de Dieu et ceux du monde quant à la qualité de vie. La Bible dit que les hommes du premier siècle regardaient avec admiration les premiers chrétiens à cause de la grâce de Dieu dans leur vie (Actes 4 : 21). Aujourd'hui, c'est pratiquement le contraire, nous réflé-chissons sur les moyens de faire entrer le monde et ses mé-thodes dans l'église afin d'avoir de la grandeur aux yeux des hommes et non aux yeux de Dieu.

Nous aspirons plus à épater le monde par ses propres mé-thodes (opulence, grandes bâtisses, tenues extraordinaires, etc.). « L'église » envie le monde et sa gloire. En apocalypse 3 : 14, le Seigneur présente l'église de Laodicée comme une église prospère aux yeux du monde, mais qui ne manifestait pas la volonté et la gloire de Dieu. Il dit de cette église qu'elle est tiède, elle ne pouvait pas être considérée comme païenne ; mais elle ne pouvait pas non plus être considérée comme in-time de Dieu : elle était tiède. Bon nombre de nos églises au-jourd'hui ressemblent à l'Eglise de Laodicée : glorieuses aux yeux des hommes (grandes bâtisses, opulence, foules extraordinaires etc.), mais vides dans leur relation avec Dieu. Ces églises sont à l'image des personnes qui les fréquentent : des personnes glorieuses et vivant dans un semblant d'opulence, mais totalement vides à l'intérieur ; surtout dans leur relation avec Dieu. Aujourd'hui, l'église souffre de l'absence de la présence divine, mais comme elle a appris les préceptes humains de croissance et de succès, elle se console avec ces choses. Pourtant, la Bible présente les chrétiens comme une race élue, des princes, des ambassadeurs. Un ambassadeur d'une grande nation souffrirait-il des troubles éco-nomiques et sociaux que vit la nation dans laquelle il a été envoyé ? Bien sûr que non ! Sa paix ne dépend pas du pays dans lequel il est en mission, mais plutôt du pays qu'il représente.

Mon ami(e) si tu te trouves dans une telle situation, cher-cher à épater le monde en te compromettant avec lui n'est pas la solution ; car tu ne peux pas mélanger les choses du monde et celles de Dieu. En vivant dans un tel état, tu te retrouveras loin de ton Dieu et tu finiras en enfer. La solution à ce pro-blème est que tu deviennes, avec tes frères et sœurs, un in-time de Dieu ; alors l'église connaîtra la gloire d'antan et tu jouiras d'une paix totale, d'une joie extraordinaire.

ACTION DU JOUR : Je dois prier que le matériel ne prenne pas la place de la pré-sence de Dieu dans mon église locale.

À méditer : Apocalypse 3: 14-17 ; Luc 16 :15

CHRIST EN NOUS, L'ESPÉRANCE DE LA GLOIRE

«Dieu a voulu faire connaître quelle est la glorieuse richesse
de ce mystère parmi les païens, savoir :
Christ en vous, l'espérance de la gloire. » (Colossiens 1 : 27)

S i Moïse, les grands prophètes, et même le roi David recher-chaient ardemment la gloire de Dieu, tu peux te poser cette question : Nous est-il possible d'accéder à la gloire de Dieu, quand des hommes de la carrure de Moïse et d'Elie n'ont pas pu la voir pleinement ? Je réponds tout de suite oui, c'est pos-sible !

« Les prophètes, qui ont prophétisé au sujet de la grâce qui vous était destinée ont fait de ce salut l'objet de leurs re-cherches et de leurs investigations. Ils se sont appliqués à découvrir à quelle époque et à quelles circonstances se rap-portaient les indications de l'Esprit de Christ qui était en eux et qui,... Il leur fut révélé que ce n'était pas pour eux–mêmes, mais pour vous, qu'ils étaient ministres de ces choses. » (1 Pierre 1 : 10-12)

Selon ce passage les prophètes n'ont pas atteint la gloire de Dieu qu'ils recherchaient parce qu'elle ne leur était pas desti-née, mais à nous qui avons la possibilité de croire en Jé-sus. Car « Tous ont péché et sont privés de la gloire de Dieu », mais ils y ont à nouveau accès par le Christ. Car la Parole de Dieu nous dit à nous qui croyons en Jésus que «... le mystère caché de tout temps et dans tous les âges, mais révélé main-tenant à ses saints, à qui Dieu a voulu faire connaître quelle est la glorieuse richesse de ce mystère parmi les païens, savoir : Christ en vous, l'espérance de la gloi-re. » (Colossiens 1 : 25 -27)

Ce mystère caché de tout temps, ce mystère que tous les prophètes ont désiré voir et toucher, ce mystère dont ils avaient compris qu'il était la solution à leur soif intérieure, c'est : « que la gloire de Dieu, inaccessible pour eux, ne le soit plus pour tous ceux qui croiront en Jésus. » C'est pourquoi ce n'était que sur le Rocher qui est Christ que Moïse pouvait avoir accès à un "brin" de la gloire de Dieu. «Christ en nous, l'espérance de la gloire, oui l'espérance de la gloire». Il s'agit d'une espérance et non d'un acquis. C'est dans ce sens que tu dois t'appuyer sur le "Rocher" et t'abriter dans son "creux" (mettre son espérance en Christ). Mais cela ne te garantit pas la plénitude de la grâce de Dieu. Tu ne peux l'atteindre qu'en grandissant dans ton intimité avec Dieu. Tu verras ce chemi-nement lorsqu'on parlera du tabernacle dans le Dévotionnel du Mois 6.

ACTION DES GRÂCES : Seigneur, je Te rends grâce pour le privilège que j'ai d'avoir accès à Ta gloire à laquelle les grands prophètes de la Bible soupiraient.

À méditer : 1 Pierre 1 : 10-12 ; Colossiens 1 : 25 -27

LE PÉCHÉ NOUS PRIVE DE LA GLOIRE DE DIEU

« Car tous ont péché et sont privés de la gloire de Dieu. »
(Romains 3 : 23)

L
a Parole de Dieu nous révèle que la conséquence du péché dans l'humanité a été la perte de la « gloire de Dieu » ; car Dieu a horreur du péché. Tous les fléaux que nous considérons au-jourd'hui comme consécutifs au péché de l'humanité ne sont en fait que les manifestations de la perte de cette gloire. Et l'homme est à la recherche de celle-ci dans son être le plus profond.

Tu conviendras sûrement avec moi qu'on recherche, soit ce qu'on n'a pas, soit ce qu'on a perdu. Or, selon Genèse 3, Adam et Eve baignaient dans la gloire de Dieu, ils pouvaient se tenir dans la présence du Seigneur et converser face à face avec Lui. C'est le péché qu'ils ont commis qui les a privés de Sa gloire ; et qui a par la même occasion, privé tous les hommes que nous sommes de cette "grâce". Tu peux devenir l'ami de Dieu ; entrer dans l'intimité du Seigneur pour y ren-contrer Sa pleine gloire qui est tout à fait à notre portée : le droit à cette même gloire qui nous avait été interdite (privé) lorsque l'homme (Adam) a péché, nous a été restauré, racheté par Christ. Cependant nous avons la responsabilité de vivre continuellement dans la sanctification selon qu'il est écrit dans Hébreux 12 : 14 que sans la sanctification nul ne verra le Seigneur. La Bible dit aussi : « Car l'Éternel a horreur de l'homme pervers, mais son intimité est pour les (hommes) droits ». (Proverbes 3 : 32)

Revenons au Seigneur, détournons-nous de ce qu'Il n'approuve pas. Arrêtons de justifier nos péchés ; mais humi-lions-nous plutôt devant Dieu afin de ne pas tomber dans les séductions du monde. Nos églises ont perdu la gloire de Dieu à cause du péché qui y sévit sous toutes ses formes. On prêche de moins en moins contre le péché, de peur d'offusquer les donateurs. On fait plaisir aux hommes qui ne veulent pas changer de vie, mais qui veulent être bénis, en retour. Lorsqu'on s'approche des certains chrétiens, on dé-couvre qu'ils n'ont pas la crainte de Dieu. Les mêmes qui pleurent dans la présence de Dieu, une fois sortis retournent vivre dans l'adultère, l'impudicité, le mensonge, la méchance-té, l'homosexualité, l'abus des autres, etc. Toutes ces choses éloignent la gloire de Dieu de nos églises et par conséquent de nos propres vies. Le Seigneur t'exhorte à Lui revenir de tout ton cœur et à marcher dans la sanctification afin de ne plus être privé de Sa gloire.

ACTION DU JOUR : Je dois examiner ma vie de sanctification et me décider d'ar-rêter tous les péchés qui éloignent la gloire de Dieu de ma vie.

À méditer : Proverbes 11 : 20 ; Néhémie 1 : 9

RECHERCHE D'ABORD LA PRÉSENCE DE DIEU

«Le royaume des cieux est encore semblable à un trésor caché dans un champ. L'homme qui l'a trouvé le cache; et, dans sa joie, il va vendre tout ce qu'il a, et achète ce champ. » (Ma-thieu 13 : 44)

Lorsque tu trouves le Royaume de Dieu, tout ce que tu as pu acquérir avant devient vanité à tes yeux. D'ailleurs, tu seras poussé à acquérir ce Royaume au prix de tout ce que tu possèdes. Le jour où tu comprendras l'importance de posséder le Royaume de Dieu ou de vivre dans la présence de Dieu, tu seras prêt à tout abandonner pour te focaliser sur ce trésor duquel dé-coule tout ce que tu recherches ou pourrais rechercher dans la vie.

Lorsqu'Adam, le premier homme, a été créé, il a été placé dans le jardin d'Eden. Ce jardin était un lieu spirituel, une at-mosphère je pense, et non un lieu physique en tant que tel. Dans le livre de Genèse, une position géographique approxi-mative d'Éden est donnée. Les archéologues ont effectué des fouilles de toutes sortes sans jamais retrouver cet endroit. Au fond, l'homme court après ce lieu qu'il n'a jamais vu. Il lui attribue donc un nom : l'argent, le sexe, la gloire humaine etc.

La Bible dit dans Romains 6 : 23 que tous les hommes ont péché et ont été privés de la gloire de Dieu. Ce qui manque réellement à l'homme, c'est la gloire de Dieu. Même en étant en Christ, la gloire de Dieu reste ton besoin réel et permanent. Certains prédicateurs t'ont peut-être promis qu'en venant à Christ tu aurais la guérison, l'argent, le mariage etc. Ce n'est pas faux, Christ donne ces choses.

Cependant si tu viens à l'église uniquement pour obtenir des biens matériels et le bien-être physique, sache que Dieu aurait pu te conduire ailleurs qu'à l'église pour que tu les y obtiennes. Mais il y a un bien supérieur, une dimension supé-rieure : la gloire de Dieu. Cette gloire transporte toutes les autres choses. Les problèmes existeront toujours sur la terre. La gloire de Dieu est la solution à tous tes problèmes actuels et futurs. Recherche-la plus que toute autre chos.

ACTION DU JOUR : Malgré tout ce que je possède, je dois rechercher le Royaume de Dieu. .

Jour 12

SOIT UN INTIME DU SEIGNEUR POUR TENIR FERME JUSQU'AU BOUT

«Veillez donc, puisque vous ne savez ni le jour, ni l'heure. »
(Matthieu 25 : 13

Nous vivons à une époque où le péché et la séduction du monde ont pris des proportions très alarmantes. Et cela met en danger la foi de plusieurs chrétiens. Si le Seigneur ne revient pas vite, l'ampleur du péché va finir par faire abandonner la foi au plus grand nombr.

Jésus-Christ Lui-même nous a prévenu en disant : «L'iniquité se sera tellement accrue que l'amour du plus grand nombre se refroidira, mais celui qui persévérera jusqu'à la fin c'est celui-là qui sera sauvé » (Matthieu 24 : 12). L'Eglise doit grandir spirituellement et évoluer de sorte que la véritable vie chrétienne prenne le dessus et qu'elle soit véritablement le sel de la terre, la lumière du monde.

Il est vrai de nos jours que l'attirance et la séduction du monde sont plus grandes qu'elles ne l'ont jamais été depuis les débuts de l'église, mais une intimité vraie avec Dieu, une communion sincère avec le Seigneur te préservera de ces temps difficiles et t'amènera à connaître la façon dont le Sei-gneur préserve Ses enfants.

Bien que la question de l'abondance des tentations de nos jours soit indiscutable, nous devons savoir que les premiers chrétiens n'étaient pas moins tentés (par le sexe, le luxe, la luxure, les loisirs malsains et l'argent). Voilà justement pourquoi on parle de défi, car le challenge qui se présente à nous, chrétiens d'aujourd'hui, c'est juste-ment de résister, dans un premier temps à toutes ces tenta-tions, puis de mener une vie chrétienne de qualité dans notre environnement. Cela n'est possible que si nous grandissons dans notre intimité avec Dieu.

ACTION DU JOUR : Je dois grandir dans mon intimité avec Dieu pour être en me-sure de résister aux tentations de la chair, du monde et de Satan.

À méditer : 1 Jean 5 : 2-4 ; Hébreux 12 : 14

DES INTIMES DE DIEU POUR INFLUENCER LE MONDE

« On n'allume pas une lampe pour la mettre sous le boisseau, mais on la met sur le chandelier, et elle éclaire tous ceux qui sont dans la maison. »
(Matthieu 5 : 15)

Quand je parle d'influence, je ne parle pas d'une influence due à la puissance financière. Aujourd'hui, pour plusieurs et même pour de nombreux chrétiens, avoir beaucoup d'argent est sy-nonyme de bénédiction. Un tel raisonnement est faux. Ce qui influence et amène à la conversion ceux qui ne connaissent pas le Seigneur, c'est notre attitude de cœur et non nos bâ-tisses et notre argent.

Loin de moi l'idée de prôner la pauvreté, car ce n'est pas mauvais qu'un chrétien ait beaucoup d'argent, mais ce qui sera exceptionnel et fera la différence, c'est son attitude vis-à-vis de cet argent et l'usage qu'il en fera. C'est cela qui glorifiera Dieu. Le monde va de mal en pis. Nous, et surtout nos jeunes enfants sommes tous confrontés aux puissances du mal. L'Église de Dieu doit se réveiller. Deux choses peuvent nous sauver : soit le Seigneur revient maintenant et emmène Son Église, soit les enfants de Dieu se lèvent et se mettent à avoir une influence véritable sur le monde. C'est-à-dire deve-nir véritablement "le sel de la terre". Certes nous ne savons pas exactement quand est-ce que le Seigneur reviendra, mais nous avons le pouvoir et le devoir de nous lever pour in-fluencer ce monde.

Devenir un chrétien influent, c'est manifester aux hommes le caractère divin. Christ a dit : «A ceci tous connaîtront que vous êtes mes disciples, si vous avez de l'amour les uns pour les autres » (Jean 13 : 35). Seuls ceux qui sont des intimes de Dieu peuvent manifester Son caractère, dont l'amour. Comment pouvons-nous donc devenir influents ? Le Sei-gneur a dit qu'on n'allume pas une lampe pour la mettre sous le boisseau. Une chose est d'allumer la lampe, une autre est de la mettre en évidence pour qu'elle éclaire, pour qu'elle ait de l'influence dans son environnement. Et cela passe par une véritable relation intime de chaque chrétien avec son Dieu, pour que Christ soit reflété au travers de sa vie.

ACTION DU JOUR : Je dois entretenir ma relation d'intimité avec Dieu pour que ma vie influence positivement mon environnement.

À méditer : Jean 14 :15 ; 1 Timothée 6 : 17-18

GRANDIR OU MOURIR : QUE CHOISIS-TU ?

«Dieu les bénit, et Dieu leur dit : Soyez féconds, multipliez, remplissez la terre, et l'assujettissez ; et dominez ... » *(Genèse 1 : 28)*

S i nous voulons que nos églises influencent positivement le monde en général et nos environnements respectifs en parti-culier, il faut que les chrétiens intimes de Dieu se multiplient, remplissent le monde, afin de l'assujettir. L'homme a été créé pour dominer la terre à l'image de Dieu, dont il est la res-semblance..

Dans Genèse 1 : 28, le Seigneur explique la procédure pour manifester cette domination : devenir féconds, se multiplier, remplir, assujettir (ou se rendre maître), puis DOMINER. Aut-rement, nous ne pourrons dominer, être influents ou faire ve-nir le règne de Dieu. Pour dominer, nous devons d'abord être féconds (productifs), nous multiplier ensuite, puis remplir. On ne fait pas venir un règne en faisant seulement des pro-clamations. Le diable lui aussi a bien compris le principe de la multiplication de gens de son espèce afin de dominer le monde. Par exemple, il décide de faire accepter l'homosexualité par tous. Il dit aux homosexuels : «Ne vous pressez pas, commencez par amener plus de personnes à être comme vous, et cela très discrètement (fécond, productif). Puis, multipliez-vous (multiplication). Devenez tellement nombreux que vous remplirez la ville…» Résultat : on trouve des homosexuels (hommes et femmes) dans les plus hautes sphères de nos sociétés avec l'objectif de dominer et d'imposer leur déviation comme norme.

Aujourd'hui, l'islam commence lui aussi à dominer le monde entier par l'accomplissement du principe de Genèse 1 : 28 : Les musulmans qui ont la possibilité de prendre plu-sieurs épouses et d'avoir ainsi beaucoup plus d'enfants, arri-vent à faire changer les tendances démographiques d'une po-pulation, en quelques générations. Ainsi, ils assujettissent commerces et activités diverses, récupèrent le pouvoir et im-posent les lois islamiques. Si nous voulons que le règne de Dieu vienne, il nous faut à tout prix faire ce que le Seigneur attend de nous : être féconds (gagner des âmes, faire des disciples), les multiplier et ainsi amener dans toutes les nations des disciples de Christ. C'est ainsi que le règne de Dieu sera manifeste. Levons-nous, deve-nons de véritables intimes de Dieu, multiplions-nous en fai-sant des disciples et faisons venir le règne de Dieu.

ACTION DU JOUR : Je me décide à gagner de nombreuses âmes à Christ, à les rendre intimes de Dieu au travers du discipolat.

À méditer : 2 Corinthiens 2 : 14-17.

CE QUE JE DOIS RETENIR

POUR CETTE SEMAINE :

1 La qualité de ma vie et mon impact dans le monde en tant que chrétien dépendent de la qualité de mon intimité avec Dieu.

2 En Christ, la gloire de Dieu est une espérance. Celle-ci ne peut devenir un acquis que si je grandis dans mon intimité avec Dieu.

3 Le péché me prive de la gloire de Dieu et la sanctification me permet d'entretenir mon intimité avec Dieu.

4 La présence ou le Royaume de Dieu est un trésor duquel découle tout ce que je recherche ou pourrais rechercher dans la vie.

5 Entretenir mon intimité avec Dieu me permet de tenir ferme jusqu'à ma mort ou jusqu'au retour de Jésus.

6 Je dois être un chrétien qui a une véritable relation d'intimité avec Dieu pour que ma vie reflète Christ.

7 Les intimes de Dieu sont une espèce à multiplier par le discipolat pour imposer le règne de Dieu sur la terre

NOTES

NOTES

L'ÂNE SAUVAGE SERA DOMPTÉ

TENGRELA
Extrême nord de la Côte d'Ivoire
Du 13 au 18 Mars 2019
931

Quelle joie ce fut pour moi d'arriver à Tengrela. C'était l'une des rares villes du nord de la Côte d'Ivoire que je n'avais pas encore visitée. Durant tout le voyage, je cherchais la face de Dieu pour connaître Sa volonté pour la ville. On s'attendait à trouver une atmosphère assez austère, déjà du fait que plus de 80% de la population est musulmane, mais aussi à cause du climat très chaud et sec en journée, parfois sec et froid la nuit, auquel s'ajoute la poussière.

Mais en plus de cela, nous avons été confrontés à une campagne de dénigrement de tout le programme dans le but de décourager les personnes qui voulaient y participer. Même pendant les sorties d'évangélisation, ceux qui donnaient leur vie à Jésus étaient identifiés par des personnes, sûrement pour préparer d'éventuelles représailles. Malgré cela, Dieu a été bon.

Déjà le premier jour de notre campagne d'évangélisation, des milliers de personnes sont venues. La population parle majoritairement dioula et sénoufo, l'interprétation en langue dioula a permis aux populations de comprendre le message que Jésus avait pour elles.

Lorsque j'ai lancé l'appel, plus d'un millier de personnes se sont avancées pour donner leur vie à Jésus ! Dieu a également opéré des miracles et plusieurs personnes ont retrouvé l'usage de leurs jambes. D'autres ont recommencé à entendre correctement. À Dieu soit toute la gloire !

À la différence des autres villes dans lesquelles nous avons déjà tenu le Tour 931, le Saint-Esprit m'a conduit à aller imposer les mains aux personnes, car l'incrédulité et la curiosité qui les animaient les empêchaient de recevoir juste par des déclarations prophétiques leur guérison. C'est donc après que les pasteurs et moi ayons imposé les mains à plusieurs dans la foule que nous avons constaté les miracles. Nous devons apprendre à être sensibles à la voix de Dieu et savoir ce qu'Il nous demande de faire à chaque moment, Il pourra alors agir puissamment !

À travers tout ceci, je voudrais te dire que lorsqu'on annonce l'Evangile, on ne doit pas se laisser décourager par les circonstances. Il faut toujours se laisser guider par l'Esprit qui saura nous diriger vers l'enseignement qu'il faut ou vers la personne qui débloquera la foi de plusieurs par sa guérison. Même Jésus a connu des endroits hostiles, mais cela ne L'a pas empêché de prêcher la Bonne Nouvelle du Royaume.

Malgré les rumeurs qui étaient propagées dans la ville pour décourager la population, plusieurs sont sortis en masse pour participer à la foire médicale, obligeant l'équipe à faire des consultations jusqu'aux environs de 20h ! Merci Seigneur pour toutes ces personnes qui ont été soignées

À côté de la foire médicale, nous avons offert des interventions gratuites pour les personnes n'ayant pas les moyens de le faire. Et c'est dans cette démarche que nous avons remis en état le bloc opératoire de l'hôpital de Tengrela qui ne fonctionnait plus depuis près de 6 ans.

Nous avons pu opérer des personnes sur place au lieu de les envoyer au CHR de Korogho. Et l'une des premières personnes à avoir inauguré le nouveau bloc opérationnel est une dame qui devait accoucher par césarienne. Elle aurait dû être transférée à ses frais (50 000 Fcfa) à Korogho en espérant pouvoir y être opérée. Mais grâce aux dons de chacun de vous, partenaires de Messages de Vie, elle a pu être opérée sur place en toute sécurité et donner naissance à un beau petit garçon. Vous n'imaginez pas comment chacun de vos dons change la vie des personnes qui en bénéficient.

Nous ne passons pas dans une ville lors du Tour 931 sans visiter les autorités de la ville. Nous sommes donc allés présenter les civilités au SG de la préfecture de Tengrela et au sous-préfet, représentant le préfet absent. Tengrela est l'une des rares villes où les autorités nous ont donné gratuitement des espaces pour nos différents programmes. Que le Seigneur se souvienne d'eux. Lors de notre visite aux autorités de la ville, nous nous sommes rendus chez le chef de terre de Tengrela. Nous lui avons parlé du Tour 931 et de ses bienfaits.
Nous l'avons honoré ainsi que ses notables par des présents. Il nous a donné sa bénédiction et nous a demandé de prier pour lui et toutes les personnes présentes dans sa cour. Nous avons prié et Dieu s'est manifesté. Lui qui ne voyait plus malgré des opérations chirurgicales a commencé à voir. Il ne voyait rien, mais après la prière il a recommencé à distinguer les silhouettes et les couleurs. Gloire à Dieu !

Un notable qui avait une boule dans le bas-ventre depuis 3 ans a vu cette boule disparaître instantanément, le laissant stupéfait devant la puissance de Dieu ! Il y a eu beaucoup d'autres délivrances et guérisons parmi les personnes présentes.

Nous sommes aussi allés voir l'Imam de la mosquée principale de Tengrela lors de la visite aux autorités de la ville. En tant que premier Imam d'une ville à 80% musulmane et en tant qu'autorité de cette ville, nous lui avons parlé de tout ce que nous faisons au travers du Tour 931 avant de lui remettre des présents. Il était plus qu'honoré de cette marque de respect. Il nous a bénis et a souhaité que tout ce que nous faisons pour la population prospère. Nous rendons toute la gloire à Dieu !

Pasteur Mohammed SANOGO

TU PEUX AUSSI DEVENIR UN INTIME DE DIEU

«Elie était un homme de la même nature que nous : il pria avec instance pour qu'il ne plût point, et il ne tomba point de pluie sur la terre pendant trois ans et six mois. » *(Jacques 5 : 17)*

L e récit biblique est jalonné de grands personnages, non seulement à cause de ce que le Seigneur a fait au travers d'eux, mais surtout à cause de leur degré d'intimité avec Lui. Parmi les intimes de Dieu dans la Bible, nous pouvons citer des personnes particulières telles qu'Abraham, Jacob, Moïse, David, Salomon ; mais aussi Jésus-Christ

Toutes ces personnes entretenaient une relation spéciale avec Dieu: Abraham par sa foi, Jacob par sa persévérance (ce-lui qui lutta avec Dieu), Joseph par son incorruptibilité et sa fidélité, Moïse par son obéissance et son service, David par sa dévotion, son amour profond pour Dieu ; Salomon par la qualité de ses offrandes. Ses personnes ainsi que d'autres avaient développé une facette, ou des facettes d'une relation intime avec Dieu. Jésus est le seul qui ait rassemblé en Lui toutes les facettes de la relation d'amour entre Dieu et un homme (la foi, l'obéissance, la persévérance, l'incorruptibilité, la fidélité, la soumission, la dévotion, les actes prophétiques, la qualité du service et de l'offrande); ce qui Lui a permis de racheter chacun de nous, pour la gloire de Dieu, Son Père.

Les intimes de Dieu ont accompli des exploits avec Dieu. Leur secret réside dans leur niveau d'intimité avec le Père. Abraham plaida avec Dieu pour qu'Il épargne les villes de So-dome et de Gomorrhe. Et Dieu était prêt à changer d'avis pour son serviteur. Moïse, considérant l'intimité qu'il avait avec Dieu, a pu obtenir au risque de perdre sa propre vie, la grâce, pour un peuple Israélite incrédule que l'Eternel s'apprêtait à détruire.

Aucun de ces intimes de Dieu n'était un extraterrestre ; ils étaient tous de la même nature que nous. La plupart d'entre eux ont fait partie du conseil de Dieu et leur vie dégageait une telle présence divine !

Cela ne t'est pas impossible. Il y a juste des actes que tu dois poser. Nous les verrons dans la suite de ce dévotionnel.

MA PRIÈRE : Seigneur, enseigne-moi Tes voies au travers de ce dévotionnel et surtout au travers de Ta Parole pour que j'apprenne à devenir aussi Ton intime.

À méditer : Genèse 18 : 20-33 ; Exode 32 : 30-35

SOIS UN VASE D'HONNEUR AUX YEUX DE DIEU

«Dans une grande maison,… les uns sont des vases d'honneur, et les autres sont d'un usage vil. » (2 Timothée 2 : 20)

En Christ, le salut est gratuit, mais l'amitié ou l'intimité avec Dieu se mérite. Dans 2 Timothée 2 : 20, Dieu fait une distinc-tion entre les chrétiens. Certains ont plus de valeur pour Lui que d'autres. Concernant ceux qui ont moins de valeur à Ses yeux, ce n'est pas parce qu'Il ne les aime pas, au contraire ce sont eux qui n'aiment pas assez Dieu. Ils ne sont pas vraiment amoureux de Lui.

Un vase d'honneur est un vase qui a de la valeur. Et la rare-té est souvent le facteur qui détermine la valeur d'une chose. Par exemple, si les diamants se ramassaient dans la rue comme des cailloux, ils n'auraient plus aucune valeur. Ils ont de la valeur parce que les gens fournissent beaucoup d'efforts pour les avoir. De la même manière, pour devenir un intime de Dieu, il y a un prix à payer pour L'honorer. Crois-moi, tous les intimes de Dieu ont payé un prix. Prenons le cas de Salomon. Il a posé un acte qui a tellement bouleversé Dieu, au point que Lui-même est descendu afin de rencontrer celui qui L'avait ainsi honoré et d'échanger avec lui. D'habitude, dans la Bible, lorsqu'une grande offrande est faite, c'est un ange qui apparaît au concerné. Un roi pouvait bien sacrifier 10 bœufs sans que cela ne diminue en quoi que ce soit sa richesse. À 50 bœufs l'affaire devenait plus sérieuse ; j'imagine que les anges qui géraient ce dossier devaient aller voir un de leurs supérieurs pour lui demander des instructions. On n'avait jamais vu cela en Israël ! Ni Abraham, ni même David, n'avaient jamais fait un tel sacrifice. Lorsque l'holocauste a atteint 100 bœufs, ils ont dû aller voir un ange comme Michel pour lui demander de descendre en personne voir ce qui se passait.

Puis le cap des 500 bœufs a été atteint! C'était extraordinaire, même pour les anges de voir un homme ordinaire po-ser un tel acte. Michel, Gabriel et tous les anges ont dû se dire qu'ils descendraient ensemble pour aller voir cet homme ex-ceptionnel. Mais lorsque Salomon a atteint les 1000 bœufs, Dieu Lui-même est descendu. Pour la première fois, Il n'a pas envoyé un ange. Il y a donc des actes qui lorsqu'ils sont posés touchent énormément le cœur de Dieu. Pour faire plaisir à une personne, il faut la connaître, savoir ce qu'elle aime. Un ami est donc quelqu'un qui fait ce que tu aimes.

ACTION DU JOUR : Je dois être prêt à payer n'importe quel prix pour honorer Dieu afin de devenir Son intime.

À méditer : 1 Rois 3 :1-15

LES INTIMES DE DIEU SE CONSERVENT PURS

«Si donc quelqu'un se conserve pur, en s'abstenant de ces choses, il sera un vase d'honneur, sanctifié, utile à son maître, propre à toute bonne œuvre. » (2 Timothée 2 : 21)

Certains chrétiens sont des vases d'honneurs tandis que d'autres sont des vases pour un usage vil. La qualité du vase que quelqu'un représente n'est pas déterminée par Dieu, mais plutôt par l'individu lui-même. C'est donc nous qui choisissons ce que nous sommes aux yeux de Dieu et entre Ses mains. Ce sont nos actions qui font de nous des vases d'honneur, ou des vases d'usage vil. Si tu veux devenir un vase d'honneur, Dieu te recommande de te conserver pur. Si tu ne le fais pas, tu es un vase vil.

Le mot «pur» que l'apôtre Paul emploie est très profond. Généralement nous définissons ce qui est pur comme quelque chose de propre. Cependant, la pureté va au-delà de cela. Le mot pureté n'est pas le contraire de la saleté. Il signi-fie plutôt ce qui est "sans mélange". En effet, si tu presses du jus d'orange et que tu le mélanges par la suite à du jus de pomme, le jus final que tu obtiendras n'est pas sale, mais ne sera pas du pur jus d'orange, ni du pur jus de pomme. Dès lors qu'une chose est mélangée avec une autre qui n'est pas de sa nature, ce mélange perd la pureté de ces éléments. J'insiste encore pour dire que tout ce qui n'est pas sale n'est pas forcément pur. Il est vrai qu'on peut parler d'impureté lorsque dans un objet il y a des déchets, des détritus. Mais cette impureté s'explique surtout par le fait qu'il contient des éléments qui ne sont pas de sa nature.

Lorsque Dieu nous demande de nous conserver purs pour être des vases d'honneur entre Ses mains, Il veut donc nous dire que nous devons non seulement être vides de toute ini-quité, mais aussi être sans mélange. Nous ne devons pas mé-langer notre communion divine avec ce qui n'est pas de la nature de Dieu. Si tu mélanges le Saint-Esprit avec un peu de toi-même, tu n'es plus pur, ni dans un sens, ni dans l'autre. Ce n'est pas du « pur » Saint-Esprit, c'est un cocktail d'idées, de pensées, de caractères humains et d'un peu de Saint-Esprit. C'est un mélange. La pureté à laquelle Dieu nous appelle est quelque chose de plus profond qui nécessite une transforma-tion au niveau de notre caractère. Être un intime de Dieu exige de te conserver pur en évitant toutes sortes de mélanges dans ta vie.

ACTION DU JOUR : Je dois examiner ma vie pour mettre de côté tout ce qui n'est pas de la nature divine en moi. Je refuse toutes sortes de mé-langes, au nom de Jésus!

À méditer : Éphésiens 5 : 1-11

LES INTIMES DE DIEU ONT DES PRIVILÈGES EXTRAORDINAIRES

«Alors l'Eternel dit : Cacherai-je à Abraham ce que je vais faire?... »
(Genèse 18 : 17)

Un véritable ami, c'est quelqu'un d'intime, quelqu'un qui sait des choses sur toi que les autres ne savent pas, quelqu'un qui a confiance en toi et en qui tu as confiance. Plus il t'est intime, plus il connaît de se-crets sur toi. Jésus a dit à Ses disciples : «Vous, je vous appelle amis parce que je vous ai révélé les se-crets du Père. » Dieu ne confie pas Ses secrets à tout le monde. Dieu n'a pas naïvement confiance en l'homme.

Voilà pourquoi Il lui révèle les choses progressivement, comme tu le ferais avec n'importe quelle personne qui te fré-quente, au fur et à mesure que votre relation grandit.

Certaines personnes sont devenues tellement intimes avec Dieu qu'Il ne leur cache plus rien. En sorte que lorsque ces derniers ont un problè-me, Dieu s'empresse de venir les se-courir. Ils n'ont donc pratiquement plus de problèmes parce qu'ils Le connaissent, ils cheminent avec Lui. À l'opposé, cer-taines personnes sont si éloignées de Dieu que malgré le fait qu'elles croient en Lui ou qu'elles Le confessent, elles rencon-trent beau-coup de difficultés et sont sous la pression du monde. Quand elles prient, Dieu les exauce au compte-gouttes. Les amis de Dieu sont capables d'obtenir de Dieu des choses qu'une personne lambda ne peut obtenir, même quand ils sont en tort. Ce fut le cas d'Abraham face au roi Abimélec dans Génèse 20. Ce sont de tels privilèges que seuls des amis de Dieu peuvent obtenir. Ils peuvent amener Dieu à changer Ses décisions, quand bien-même elles seraient justifiées.

D'ailleurs, Dieu Lui-même aspire à avoir des personnes ca-pables de Lui faire changer Ses décisions. J'en veux pour preuve ce passage d'Ezéchiel 22: 30 dans lequel Dieu dit : «Je cherche parmi eux un homme qui les protège par une clôture, qui se tienne sur la brèche devant moi en faveur du pays, afin qu'il ne soit pas détruit... »

Lorsque Dieu veut juger ou détruire une personne ou une ville, Il cherche un intime qui puisse intercéder, comme Abraham ou Moïse ont pu le faire. Une telle personne est un véritable ami de Dieu. Tu peux aussi atteindre une telle di-mension d'intimité avec Dieu.

ACTION DU JOUR : Je dois aspirer et m'appliquer à devenir un intime de Dieu, car les privilèges qui y sont attachés sont extraordinairement bé-néfi-ques.

À méditer : 2 Chroniques 7 : 14-16.

LES DIFFÉRENTS NIVEAUX D'INTIMITÉ AVEC DIEU

« Je ne vous appelle plus serviteurs, parce que le serviteur ne sait pas ce que fait son maître; mais je vous ai appelés amis,... » (Jean 15 : 15)

L'intimité Dieu a plusieurs niveaux. Il est important que tu saches ta position par rapport aux différents niveaux d'intimité avec Dieu, afin de savoir comment faire pour aller de l'avant. Les différents niveaux d'intimité avec Dieu sont aisés à com-prendre : De même que Dieu, nous avons dans nos relations avec autrui, différents degrés d'intimité. Ainsi, en fonction de nos rapports avec les hommes, nous pouvons établir une classification de leur degré d'intimité avec nous :

Une connaissance : c'est la personne qu'on peut aperce-voir dans le quartier, à qui on peut dire bonjour, mais dont-on ne connaît même pas souvent le nom. Le camarade : c'est quelqu'un qui peut faire partie du même cercle d'amis que toi, avec qui tu peux même faire des sorties (en groupe), mais à qui tu n'irais pas rendre visite forcément, et à qui tu ne con-fierais pas tes problèmes personnels. L'ami, c'est celui-là avec qui tu partages tes problèmes, à qui tu rends visite, avec qui tu peux échanger des heures et des heures sans te lasser, qui connaît ta famille et dont tu connais aussi la famille. Par-mi les amis, il y a une autre échelle qui existe : celle de l'ami intime. Il est celui-là même pour qui tu es prêt à donner ta vie, celui qui connaît tes secrets les plus intimes et en qui tu as plus que confiance. En général, il est unique. Dieu aussi a des amis intimes, et cela transparaît assez dans Sa parole.

Par exemple, Jésus dit à Ses disciples qu'Il ne les considère plus comme des serviteurs, mais plutôt comme Ses amis. Les apôtres sont passés du grade de serviteur à celui d'ami. Je voudrais te faire remarquer qu'on parle souvent de Jean comme étant l'apôtre que Jésus aimait le plus, et que les autres envoyaient même vers Jésus pour connaître de Lui cer-taines choses cachées. Il avait même le privilège de se cou-cher sur la poitrine du Seigneur. Si les autres apôtres étaient des amis de Jésus, Jean était Son ami intime.

Par rapport aux 4 différents niveaux d'intimité avec Dieu, quelle est ta position ? Fais-tu partie des simples connais-sances de Dieu ? De Ses camarades ? De Ses amis ? Ou de Ses amis intimes, de ceux qui font partie de Son conseil ? Ces 4 différents niveaux peuvent être représentés par les vases de terre, de bois, d'argent, et d'or dont nous parle 2 Timothée 2 : 20-21.

PRIÈRE : Seigneur, merci d'exaucer mon désir ardent de devenir Ton ami intime. Au nom de Jésus. Amen !

À méditer : Proverbes 17:17 ; Jean 13 : 23

L'INTIMITÉ AVEC DIEU N'EST PAS DU FAVORITISME

«Alors Pierre, ouvrant la bouche, dit : En vérité, je reconnais que Dieu ne fait point acception de personnes. »(Actes 10 : 34)

Au sujet des différents niveaux d'intimités avec Dieu, on peut se poser cette question : Dieu fait-il une distinction entre Ses enfants ? Si oui, ne serait-ce pas du favoritisme ? Sachez-le, Dieu n'a pas d'enfants chéris. Il n'a pas de personnes qu'Il préfère à d'autres, à part ceux qui ont réussi à devenir Ses amis intimes. On ne devient pas intime de Dieu par favori-tisme. Non! Car Dieu ne fait acception de personne.

Dans 2 Timothée 2 : 20-21, le Seigneur compare l'Église à une grande maison dans laquelle il y a divers ustensiles. Cer-tains sont pour les usages d'honneurs, d'autres pour les usages courants. Dans l'Église de Dieu, il y a des chrétiens « à usage courant » et des chrétiens « d'honneurs ». La « valeur d'usage » de chaque chrétien n'est pas fixée de manière délibérée par le Seigneur, elle est déterminée par l'attitude du chrétien lui-même vis-à-vis de Dieu et du monde. En effet l'intimité se mérite toujours. Personne ne t'ouvrira son cœur s'il n'a pas confiance en toi ; or la confiance se mérite, elle se mérite par l'attitude. Prenons l'exemple de Saül. Il a été rejeté par Dieu à cause de sa désobéissance et de son orgueil ; et pourtant, il avait été choisi et oint par Dieu. La valeur que Dieu t'accorde n'est pas fonction du fait qu'Il t'a choisi ou non, ni fonction de ton rang social ou de ta richesse. Elle est fonction de ton niveau d'intimité avec Lui. Si tu as des en-fants, à la base, tu les aimeras tous de la même manière et tu feras tout ton possible pour qu'ils aient tous les mêmes chances de réussite.

Pourtant, il se peut que parmi eux, l'un s'intéresse plus par-ticulièrement à toi. Il t'obéira en tout, ne manquera jamais de te faire des cadeaux et manifestera vraiment une attention particulière pour toi.

Certes, tu aimeras tous tes enfants, mais tu finiras par t'attacher à celui qui te manifeste le plus d'attachement. Il se peut même qu'il devienne ton ami, voir ton confident. Le Sei-gneur nous a tous sauvés à un même prix, et Dieu ne fait ac-ception de personne (Éphésiens 6 : 8-9). Pourtant, certains enfants de Dieu L'aiment plus que les autres. Ils passent plus de temps avec Lui. Leur amour pour Dieu est manifeste par leurs offrandes, leur consécration et leur désir ardent de faire la volonté du Seigneur. Ils finissent par devenir des « amis de Dieu ». Oui, l'intimité avec Dieu se mérite.

PRIÈRE : Seigneur, accorde-moi les capacités requises pour me quali-fier à devenir Ton ami intime. Au nom de Jésus. Amen !

À méditer : Genèse 18 :17 ; Galates 2 : 6

FAIS MIEUX LA VOLONTÉ DE DIEU

«Ne vous conformez pas au siècle présent, mais soyez trans-formés par le renouvellement de l'intelligence, afin que vous discerniez quelle est la volonté de Dieu : ce qui est bon, agréable et parfait. »(Romains 12 : 2)

Ce passage nous révèle trois niveaux de la volonté de Dieu : la volonté bonne, la volonté agréable et la volonté parfaite. Il est manifeste que ce qui est « parfait » est supérieur à ce qui est « agréable », de même ce qui est agréable est supérieur à ce qui est « bon » ; et tout cela est confor-me à la volonté de Dieu. Cependant, savoir faire la différence entre les trois as-pects de la volonté divine peut te permettre de mieux pro-gresser dans ton intimité avec Dieu.

À titre d'exemple, tous les vêtements qui se trouvent dans ta garde-robe le sont sûrement par ta volonté. Pourtant, tu fais une distinction de valeurs entre eux. Certaines tenues sont « viles », c'est-à-dire qu'elles sont utilisées pour les usages très courants. S'il leur arrivait de prendre une tâche ou même de se déchirer, cela ne te ferait pratiquement rien. Par ailleurs, d'autres tenues sont utilisées pour des occasions importantes ; ce sont des tenues de valeur. Si elles venaient à se tâcher ou à se déchirer, cela pourrait te chagriner. Cet exemple met en lumière le concept de différents niveaux de « volonté » et de « valeur ». Sache que ton niveau d'intimité avec Dieu sera aussi fonction de la façon dont tu fais la volonté de Dieu. Cela signifie que lorsque deux personnes font la volonté de Dieu, l'une peut mieux la faire que l'autre. Comme nous l'avons dit, tu as également en toi ces trois niveaux de volonté.

Exemple : Tu invites un certain nombre de personnes à ta fête d'anniversaire et tu tiens absolument à ce que tous tes convives soient présents. Ceux qui ne viennent pas ne font pas ta volonté, et ceux qui viennent font ta volonté, et cela est bon. Pourtant, parmi eux, certains t'ont apporteront des ca-deaux ; et ceux-là ne t'auront-ils pas fait plus plaisir que ceux qui se sont contentés d'être simplement présents ? Ces pre-miers te sont donc agréables.

Finalement, parmi tous ceux qui te feront des cadeaux, quelqu'un t'offrira ce dont tu rêvais: une voiture neuve ! Alors là ! Celui-là est le convive parfait. C'est en faisant la volonté parfaite de Dieu que ton intimité avec Lui s'approfondit da-vantage

ACTION DU JOUR : Désormais, chaque fois que je fais la volonté de Dieu, je dois m'assurer que celle-ci est parfaite, c'est-à-dire qu'elle répond aux attentes de Dieu pour moi.

À méditer : Genèse 4 : 3-4

CE QUE JE DOIS RETENIR

POUR CETTE SEMAINE :

1 Tous ceux qui sont devenus des intimes avec Dieu ont posé des actes qui les ont rapprochés davantage du Seigneur.

2 Pour devenir l'intime de Dieu, je dois payer le prix en posant des actes forts qui L'honorent.

3 Pour devenir un intime de Dieu, je dois me conserver pur en évitant tout mélange que Dieu n'approuve pas.

4 Les intimes de Dieu ont accès à Ses secrets et peuvent influencer Ses décisions.

5 Il y a 4 niveaux d'intimité avec Dieu : les simples connaissances, les camarades, les amis et les amis intimes.

6 On ne devient pas intime de Dieu par favoritisme divin. L'intimité avec Dieu se mérite.

7 Mon niveau d'intimité avec Dieu est fonction de la façon dont je fais Sa volonté au quotidien.

NOTES

DE LA VOLONTÉ BONNE À LA VOLON-TÉ PARFAITE DE DIEU

«…L'Eternel porta un regard favorable sur Abel et sur son of-frande ;
mais il ne porta pas un regard favorable sur Caïn et sur son offrande….»
(Genèse 4 : 3-5)

Plusieurs chrétiens font de bonnes choses, mais qui malheureusement ne sont pas agréables à Dieu. Par conséquent, ils restent assez loin de Lui et ne peuvent devenir Ses amis intimes. Le récit de Caïn et Abel, par rapport à leurs offrandes, en est une belle illustration. Pourquoi Dieu n'a-t-il pas apprécié l'offrande de Caïn ?

Certains justifient cela par le fait que les fruits venaient du sol qui avait été maudit, et que l'offrande d'Abel avait été agréée parce qu'elle était un holocauste. Je ne pense pas que ce soit la véritable raison. En effet, Caïn étant cultivateur, il ne pouvait apporter à Dieu que ce qu'il avait, c'est-à-dire le fruit du sol. Plusieurs autres passages de la Parole de Dieu parlent d'offrandes émanant de la terre (Lévitique 2 : 14), recomman-dées par Dieu.

La différence entre ces deux offrandes s'est certainement trouvée au niveau des qualificatifs appliqués à chaque offrande. Il est dit que l'offrande d'Abel était constituée des premiers nés de son troupeau. Ce qui signifie qu'Abel a d'abord pensé à Dieu avant de penser à lui-même. Il a offert ce qu'il avait de meilleur à Dieu. Tandis qu'aucun qualificatif n'est appliqué à l'offrande de Caïn. Il est fort possible que son offrande ne provienne pas de la première récolte. C'est certainement cela qui a déterminé la réaction de Dieu. Abel a fait son sacrifice en pensant d'abord à Dieu. Il a montré qu'il aimait Dieu plus que Caïn ne l'aimait. Mais remarquez qu'il n'est pas dit que Caïn avait péché, il a fait une bonne offrande (c'est une of-frande à

Dieu), mais qui n'était pas agréable à Dieu.

Il y a beaucoup d'actes que nous posons qui ne sont pas des péchés, mais qui ne sont pas non plus agréables à Dieu. Il ne s'agit pas simplement d'éviter de pécher pour faire plaisir à Dieu. Les chrétiens qui sont prêts à devenir des intimes de Dieu sont ceux qui ne veulent plus se contenter de ne pas pécher, mais qui désirent encore plus être agréables à Dieu, toucher Son cœur. Toi aussi tu peux devenir agréable à Dieu, si tu le désires ardemment.

ACTION DU JOUR ET PRIÈRE: Si ce que je fais n'est pas un péché, je dois aussi veiller à ce que cela soit agréable à Dieu. Je prie que Dieu m'aide à distin-guer ce qui est bon de ce qui est agréable. Au nom de Jésus. Amen!

L'UNITÉ DE MESURE DE L'APPRÉCIATION DIVINE

«L'Éternel ne considère pas ce que l'homme considère; l'homme regarde à ce qui frappe les yeux, mais l'Éternel regarde au cœur.»
(1 Samuel 16 : 7)

Pour nous apprécier, Dieu pèse toujours nos œuvres, nos of-frandes, nos dons etc. Prenons le cas de deux chrétiennes, l'une se nomme Bernadette et l'autre Gasparette. Les deux vi-vent dans la même maison.

Avant de prendre son repas ou de dormir, Bernadette prend toujours la peine de rendre grâce à Dieu, conformément à la Parole de Dieu. Gasparette, par contre, oublie souvent de prier avant de manger et même avant de dormir ; comme c'est le cas pour beaucoup de chrétiens.

Un jour, lors d'une réunion de l'église, le pasteur invite pour la prédication un ex-sorcier converti à Christ. Ce der-nier dans son témoignage affirme que les sorciers attaquent systématiquement les personnes qui oublient de prier avant de prendre leurs repas et que ces attaques occasionnent des douleurs de ventre et des maladies inexpliquées. Il dit aussi qu'ils agissent de même pour ceux qui oublient de prier avant de dormir. Une fois à la maison, devant leur repas, Gasparette rend grâce avec beaucoup de ferveur et Bernadette prie comme à l'accoutumé. Remarquez bien ceci: Ces deux prières sont la volonté de Dieu, mais la prière de Gasparette n'est pas agréable à Dieu, parce que c'est une prière motivée par la peur de mourir ou d'être malade. Elle ne prie pas par amour pour Dieu, mais par amour pour elle-même, pour pré-server sa vie de l'œuvre des sorciers.

Plusieurs personnes peuvent faire la volonté de Dieu, mais Dieu fait une différence en jugeant les mobiles des cœurs. C'est ainsi qu'Il a pu apprécier l'offrande de la veuve qui a donné une pièce, qu'Il a apprécié et choisi David parmi ses frères et qu'Il a eu un regard sur Joseph, fils de Jacob, par rapport à ses autres frères.

La valeur que Dieu nous donne est fonction de la qualité de notre cœur. Dieu n'appréciera jamais tes œuvres s'Il n'a pas apprécié les motifs derrière les actes que tu as posés.

ACTION DU JOUR : Avant de poser des bonnes actions, je dois toujours vérifier mes motifs, sont-ils en conformité avec la Parole de Dieu et motivés par mon amour pour Lui ?

À méditer : Proverbes 21 : 2-3

L'INTIMITÉ AVEC DIEU, UN PRIX CÉLESTE À REMPORTER

«Frères, je ne pense pas l'avoir saisi ; mais je fais une chose : oubliant ce qui est en arrière et me portant vers ce qui est en avant, je cours vers le but, pour remporter le prix de la voca-tion céleste de Dieu en Jésus-Christ. » (Philippiens 3 : 13-14)

L'intimitée avec Dieu fut un enseignement révolutionnaire pour ma vie. Je l'enseigne depuis que j'ai commencé à prêcher et chaque année, Dieu ouvre mes yeux sur de nouveaux aspects de l'intimité avec Lui. Voilà pourquoi je prie que Dieu t'enseigne au-delà de ce que tu apprendras à ce sujet dans ce dévotionnel.

Lorsque nous serons au ciel, nous serons très nombreux, des myriades de personnes. Cependant, nous ne serons pas tous proches de Jésus. Cer-tains ne pourront Le voir qu'à l'aide des jumelles, alors que d'autres seront très proches de Lui. Auquel de ces deux camps voudrais-tu appartenir? Le camp de ceux qui seront très proches de Jésus ou celui de ceux qui Le verront à chaque fois de loin ?

Tu dois savoir que tu ne deviendras pas proche de Jésus au ciel si tu n'as jamais été Son intime sur la terre.

Voilà pourquoi tu dois fortement désirer à devenir un intime de Dieu et t'y atteler avant de mourir ou avant que Christ ne revienne. Ta position par rapport à Jésus au ciel s'acquiert pendant que tu es vivant.

D'ailleurs, Jésus nous dit de nous amasser des trésors dans le ciel pendant que nous sommes sur la terre. Cela veut dire que c'est sur la terre que nous déterminons notre position et les biens que nous aurons au ciel. Tu n'obtiendras cette ré-compense d'être près du Seigneur que lorsque tu auras expérimenté un certain niveau d'intimité avec Lui sur la terre.

L'apôtre Paul était un amoureux de Christ et un intime de Dieu. Il a souvent dit qu'il courait pour obtenir le prix de la vocation céleste. Mais Paul n'est pas la seule personne qui remportera le prix de la vocation céleste. Plusieurs personnes remporteront ce prix. Je fais de mon mieux pour être de ce nombre. Toi aussi, tu peux l'être. Cela n'est possible que si tu fais de l'intimité avec Dieu, le plus grand désir et la plus grande quête de ta vie.

ACTION DU JOUR : Je dois faire de l'intimité avec Dieu, mon plus grand désir et la plus grande quête de ma vie au quotidien.

À méditer : Psaumes 42 : 2

L'INTIMITÉ AVEC DIEU TE POSITION-NERA DANS LE CONSEIL DIVIN

«Qui donc a assisté au conseil de l'Eternel pour voir, pour écou-ter sa parole? Qui a prêté l'oreille à sa parole, qui l'a en-tendue ? »
(Jérémie 23 : 18)

U n conseil est un groupe de personnes chargées de donner des avis dans certaines affaires publiques ou privées. C'est une réunion statutaire de personnes regroupées en assemblée consultative et/ou délibérative. Il peut aussi désigner une personne qui assiste une autre en donnant ses avis pour la guider dans la conduite de sa vie et/ou de ses affaires. Si les hommes ont des conseillers à qui ils ont recours en cas de besoin, Dieu a également Son conseil.

Tu ne le savais peut-être pas, mais il y a effectivement des personnes que Dieu consulte avant de prendre certaines déci-sions ou avant de faire certaines choses sur la terre. Le Sei-gneur n'a pas n'importe qui dans Son conseil. Même les plus grands prophètes ne font pas tous partie de ce conseil divin. Je n'y suis pas encore arrivé, mais c'est pour bientôt, au nom de Jésus ! Toutefois, j'ai eu la grâce d'assister quelques fois à certaines délibérations auprès du Seigneur. Une fois, j'ai eu à plaider pour une cause dans une vision que j'avais eue. Il y a certaines prophéties qui ne peuvent provenir que des réu-nions du conseil divin. C'est souvent après de telles réunions que des prophètes dont moi, recevons des révélations et l'ordre de les faire connaître. Et c'est seulement alors que nous disons : « Ainsi parle l'Éternel... » «Car le Seigneur, l'Eternel, ne fait rien Sans avoir révélé son secret à ses servi-teurs les prophètes. » (Amos 3 : 7)

Parmi les personnes qui font partie du conseil de Dieu, il y a Jésus qui est à la droite de Dieu le Père, plaidant ou intercé-dant pour nous.

Abraham faisait aussi partie du conseil divin. Avant de dé-truire Sodome et Gomorrhe, Dieu le consulta et celui-ci inter-céda en faveur de ces villes et de la famille de son neveu Lot qui s'y trouvait. Moïse de même faisait partie du conseil di-vin. Dieu le consultait avant de prendre certaines décisions. Cette liste n'étant ni exhaustive ni clôturée, toi aussi tu peux faire partie du conseil divin. Dans un conseil secret, on n'ad-met pas n'importe qui. On ne recrute pas ceux en qui on n'a pas confiance, on recrute ceux qui ont déjà fait leurs preuves à nos côtés. «Il était le plus considéré des trente; mais il n'éga-la pas les trois premiers. David l'admit dans son conseil se-cret » (2 Samuel 23 : 23). Dieu n'admet dans Son conseil se-cret que Ses intimes, ceux qui Lui sont agréables et très pro-ches.

PRIÈRE : Je dois désirer et rechercher l'intimité avec Dieu Jusqu'à faire partie de Son conseil secret.

À méditer : Amos 3 : 7

DEVENIR INTIME AVEC DIEU POUR MIEUX L'ÉCOUTER

«Cherchez premièrement le royaume et la justice de Dieu ; et toutes ces choses vous seront données par-dessus. » (Mathieu 6 : 33)

Le Royaume de Dieu dont il est question dans ce verset, c'est le Saint-Esprit et surtout la voix du Saint-Esprit. Chercher le Royaume de Dieu, c'est principalement chercher et obéir à la voix du Saint-Esprit.

Lorsque tu es capable d'entendre la voix du Saint-Esprit et d'appliquer scrupuleusement Ses directives, sache que tu ne connaîtras pas la disette. Ce verset est vrai. Je l'expérimente au quotidien dans ma vie et dans mon ministère. Écouter la voix de Dieu doit faire partie de tes priorités.

Une seule parole du Seigneur que tu entends et à laquelle tu obéis, peut débloquer des situations difficiles dans ta vie. Il y a eu une période de ma vie où j'étais complètement bloqué dans ma recherche d'emploi. Alors que je me débattais pour m'en sortir, j'ai entendu Dieu me dire d'aller demander par-don à mon père ; car lorsque j'avais quitté l'islam, je lui avais dit une parole qui l'avait blessé. Bien qu'il ait finalement ac-cepté ma foi chrétienne, cette parole que je lui avais adressée était la raison de ma stagnation. Dieu me l'avait révélé. J'ai obéi à la voix de l'Esprit et, la semaine qui a suivi, j'ai trouvé un emploi qui d'ailleurs, a également ouvert les portes de mon ministère.

Écouter la voix de Dieu m'a aussi orienté au quotidien dans le ministère. Je prêchais déjà la Parole de Dieu, mais je ne savais pas vers quel domaine m'orienter. Il y a beaucoup de prédicateurs, mais très peu arrivent à trouver le chemin de Dieu pour eux. En 2005, le Seigneur m'a demandé d'enseigner sur le mariage. Lorsque j'ai obéi à Sa voix, l'église a commen-cé à connaître la croissance numérique.

C'est la voix de Dieu qui dans l'ensemble des principes di-vins te con-duit à poser des actes. Il y a beaucoup d'actions à poser, mais si tu ne fais pas ce que Dieu veut pour toi, tu ne réussiras pas, tu n'entreras pas dans ta destinée.

Tout commence par ta capacité à écouter la voix de Dieu. Pour y parvenir, tu dois entretenir et développer ton intimité avec Lui

ACTION DU JOUR : Je dois apprendre activement à écouter la voix de Dieu par rapport à tout ce que je compte faire.

À méditer : Esaïe 30 : 21

COMMENT ENTENDRE LA VOIX DE DIEU ?

« Dieu parle cependant, tantôt d'une manière, Tantôt d'une autre, et l'on n'y prend point garde. » (Job 33 : 14)

Nous avons besoin d'entendre la voix de Dieu pour nous guider en toutes choses. Cependant, l'une des difficultés pour la plupart des chrétiens réside dans leur incapacité à entendre la voix de Dieu. La Bible dit que Dieu parle tantôt d'une manière tantôt d'une autre et que nous n'y prenons point garde. Dieu a dix mille façons de nous parler. J'ai appris à entendre la voix du Seigneur et je ne cesse de continuer d'apprendre à L'écouter. Autrefois, je m'attendais à ce que Dieu me parle par des appari-tions d'anges ou par une grande vision... Or, Dieu ne parle pas que de cette manière. Il m'est déjà arrivé que Dieu me parle par ma fille au travers d'une question qu'elle m'a posée, sans même qu'elle-même ne s'en rende compte.

Dans ma marche avec le Seigneur, je lui ai une fois deman-dé de m'apprendre à reconnaître Sa voix. J'attendais qu'Il m'envoie des gens pour me dire des propos du genre : «Lors-que Dieu veut parler, il souffle d'abord…» Pour savoir com-ment entendre la voix de Dieu, il faut d'abord se poser cette question : «Comment arrive-t-on à reconnaître la voix d'une personne ?» Si par exemple on te demande comment recon-naître la voix du Pasteur SANOGO, que diras-tu ? Tu diras par exemple qu'il prêche avec un accent ivoirien.... Mais lors-qu'au téléphone une personne ayant un accent ivoirien te par-lera, concluras-tu directement que cette personne est le Pas-teur SANOGO ? Je ne pense pas ! Certes on peut décrire la voix d'une personne, mais il est difficile qu'une simple description aide à identifier clairement la voix de celle-ci. Pourquoi ? Tout simplement parce que les voix se ressemblent entre elles. Il y a des personnes qui parlent presque de la même manière, employant le même accent, la même intonation, etc.

Autrement dit, la voix d'une personne ne s'explique pas. Donc, on ne peut t'expliquer comment entendre la voix de Dieu. Il n'y a aucune formule à appliquer.

La meilleure façon d'apprendre à connaître la voix d'une personne, c'est de la fréquenter. Il y a une sensation qui se développe dans ton être intérieur à force de marcher avec une personne ; et c'est cette familiarité qui fait que tu peux recon-naître facilement sa voix. Même si quelqu'un d'autre a une voix semblable, tu finiras par déceler que cette voix n'est pas la sienne. De même, pour reconnaître la voix de Dieu, tu dois Le fréquen-ter assez souvent, devenir Son intime, Le con-naître, Lui être proche. C'est ainsi que tu sauras distinguer la voix de Dieu des autres voix.

ACTION DU JOUR : Je dois passer assez souvent du temps chaque jour avec Dieu au travers de Sa parole et de la prière pour développer ma ca-pacité à écouter Sa voix.

À méditer : Psaumes 143 : 8 ; 1 Rois 19 : 11-13

L'INTIMITÉ DIVINE POUR MANIFES-TER LE FRUIT DE L'ESPRIT

«Demeurez en moi, et je demeurerai en vous. Comme le sar-ment ne peut de lui-même porter du fruit, s'il ne demeure at-taché au cep, ainsi vous ne le pouvez non plus, si vous ne de-meurez en moi. » (Jean 15 : 4)

L' intimité avec Dieu nous permet de porter le fruit de l'Esprit ou de ma-nifester le caractère de Christ. Pour que la branche puisse donner son fruit, il faut qu'elle soit rattachée au tronc. Le tronc c'est Jésus et la branche c'est nous. Nous sommes con-nectés à Dieu par l'intimité que nous avons avec Lui. Si nous ne sommes pas intimes de Dieu, nous ne pouvons pas mani-fester Son caractère.

Voici une description non exhaustive du fruit de l'Esprit ou du carac-tère de Christ que nous sommes appelés à manifes-ter. «Mais le fruit de l'Esprit, c'est l'amour, la joie, la paix, la patience, la bonté, la bénignité, la fidélité, la douceur, la tempérance » (Galates 5 : 22). Parmi ces vertus, je voudrais m'entretenir avec toi sur la patience. En tant que fruit de l'Es-prit, la patience n'a rien à voir avec le fait de savoir attendre ; surtout que dans la vie, il ne faut pas attendre n'importe quoi et n'importe comment. Ce que le Seigneur m'a appris à propos de la patience est trop fort. En effet, la patience c'est savoir discerner le temps de Dieu et agir au bon moment. La pa-tience comme caractère de Christ n'a rien à voir avec la pa-resse ou la lourdeur attentiste. Dieu dit à Abraham que sa descendance sera en esclavage pendant 400 ans. Avant les 400 ans, les hébreux étaient dans l'attente. Une fois les 400 ans passés, il fallait mettre les choses en marche pour s'af-franchir. La patience c'est savoir attendre et reconnaître le temps de Dieu, pour poser des actes qu'il faut afin de palper la manifestation d'une prophétie. L'histoire de Daniel avec la fin de la déportation des juifs à Babylone est éloquente. Dieu a dit qu'ils resteraient en déportation à

Babylone pendant 70 ans. Quand les 70 ans sont arrivés à leur terme, Daniel s'est levé en prière et a commencé à activer les choses. Ainsi, la patience c'est sentir le temps et les saisons de Dieu. Cela n'est possible que pour ceux qui ont une intimité avec Lui.

Daniel était un intime de Dieu, voilà pourquoi il a facile-ment reconnu la saison de la fin de la déportation juive à Ba-bylone. La patience, c'est savoir reconnaître que le moment est venu de passer à autre étape et commencer à activer les choses pour entrer dans la nouvelle saison. Quand le temps arrive, tu ne dois pas manifester une fausse patience en disant que tu attends que Dieu pourvoie où qu'Il agisse. Non ! Tu dois passer à l'action.

ACTION DU JOUR : Je dois exercer la patience divine en discernant le bon moment de passer à l'action pour activer l'accomplissement des prophéties.

À méditer : Romains 5 : 1-5

CE QUE JE DOIS RETENIR

POUR CETTE SEMAINE :

1 Si ce que je fais n'est pas un péché, cela ne signifie pas que c'est forcément agréable à Dieu.

2 Lorsque je pose des actions en poursuivant des intérêts personnels, je ne Lui suis pas certainement agréable à Dieu.

3 Ma proximité avec Christ au ciel est déterminée par mon intimité avec Dieu sur la terre.

4 Il y a des personnes que Dieu consulte avant de prendre une décision ou avant de faire quelque chose sur la terre.

5 Ma capacité à entendre la voix de Dieu est déterminée par mon intimité avec Lui.

6 L'intimité avec Dieu nous permet de porter le fruit de l'Esprit ou de manifester le caractère de Christ.

7 Développer mon intimité avec Dieu me permet de mieux reconnaître Sa voix lorsqu'Il me parle.

NOTES

NOTES

QUE LES INTIMES DE DIEU SE LÈVENT COMME INTERCESSEURS

« Il voit qu'il n'y a pas un homme, Il s'étonne de ce que per-sonne n'in-tercède; Alors son bras lui vient en aide, Et sa jus-tice lui sert d'appui. »
(Esaïe 59 : 16)

Lorsqu'on est un intime de Dieu, il y a de quoi s'investir dans l'interces-sion en faveur des autres, parce qu'on est mieux placé pour être exaucé par Dieu. Lorsque je vois dans le monde les nom-breux maux qui sévissent, je m'interroge : « Où sont les intimes de Dieu pour intercéder en faveur de nos pays? ». La réalité, c'est qu'il y a très peu d'intimes de Dieu dans nos églises ; car la plupart des chrétiens ne sont pas intéressés par l'amitié de Dieu. Certains sont surtout intéressés par leur salut et d'autres, en plus grand nombre sont intéressés par les bénédictions matérielles.

En lisant l'histoire, nous voyons que le siècle des lumières est précédé d'un grand réveil spirituel. Des hommes et des femmes, intimes de Dieu, se sont levés pour intercéder. Par conséquent, plusieurs grands bouleversements spirituels, technologiques, économiques etc. se sont produits en Europe. Pendant les guerres, ces intimes de Dieu ont sauvé leurs villes et villages des bombes et de la destruction par la prière. Par eux, Dieu a fait des choses extraordinaires.

Abraham était un intime de Dieu. S'il ne s'était pas levé en prière en faveur de Lot, ce dernier aurait péri. Lot était un homme juste, sans toutefois être un intime de Dieu. On peut être de simples croyants sans avoir auprès de Dieu une posi-tion déterminante. C'est ce que le Seigneur appelle du sel sans saveur ou une lampe mise sous le boisseau.

Dieu compte sur vous afin d'anéantir les projets que Satan et ses esprits méchants mettent en place pour semer la mort et la destruction des vies, des communautés et des nations entières. Nous les intimes de Dieu, nous devons être vigilants et nous tenir à la brèche.

Les intimes de Dieu ont une grande responsabilité : celle de porter les fardeaux de leurs familles, amis, nations, églises etc. dans la prière auprès du Seigneur. Devenir un intime de Dieu est un appel à l'intercession. Si tu es un intime de Dieu, sache que tu es attendu à la brèche.

ACTION DU JOUR : En tant qu'intime de Dieu, je dois me lever comme intercesseur pour ceux qui ont besoin de mes prières.

À méditer : Matthieu 5 :13-16 ; Ézéchiel 22 : 30-31 ; Luc 22 : 31-32

GRANDIS POUR DEVENIR L'AMI DE DIEU

«Et Jésus croissait en sagesse, en stature, et en grâce, devant Dieu et devant les hommes.» (Luc 2 : 52)

L'amitié de Dieu n'est pas pour ceux qui sont encore des enfants spirituels. Un enfant ne peut pas être un ami. Il faut qu'il atteigne d'abord une certaine maturité. Dieu cherche des amis. Pour en faire partie, il y a un cheminement à suivre et une maturité à atteindre. Tu dois mûrir pour devenir intime de Dieu. C'est un voyage au cours duquel tu corrigeras certaines choses de ta vie.

Un enfant de 10 ans n'aura pas pour ami quelqu'un de 60 ans mais un enfant de son âge. L'âge de la maturité est généra-lement situé pour les hommes autour de 40 ans. Ce qui fait qu'une personne de 80 ans sera plus prompte à être l'ami de quelqu'un qui a au moins 40 ans. La maturité rend possible une amitié véritable.

Tous peuvent être enfants de Dieu, mais tous ne sont pas Ses amis. Tes enfants ne sont pas tous tes amis. Ton ami, c'est ton confident. Si ton enfant a dix ans, peux-tu l'appeler pour lui raconter tes difficultés conjugales ou profession-nelles ? Quand tu seras en train de les lui raconter, il réagira en te disant par exemple : «Papa, j'ai faim…». Nous aimons tous nos enfants, mais tant qu'ils sont encore immatures, nous ne pouvons pas nous permettre de leur confier nos se-crets. Dieu fonctionne avec nous de la même manière. Aussi longtemps que nous sommes immatures, Il ne pourra pas nous confier Ses secrets, car ils sont au-delà de notre entendement.

L'héritage, on peut le donner à tous les enfants, mais l'ami-tié on la donne de manière restrictive. Si ton enfant, même devenu adulte, n'a pas payé le prix de ton amitié, il ne pourra pas devenir ton confident.

Lorsqu'un fils devient ami, c'est plus grand que toutes les autres formes d'amitié. Aujourd'hui, en tant que fils de Dieu, nous avons un pouvoir extraordinaire. En tant qu'ami de Dieu, nous aurons une onction supérieure pour manifester davantage Son règne.

ACTION DU JOUR : Chaque jour, je dois grandir spirituellement pour devenir un ami intime de Dieu. Je prie que le Seigneur m'aide à laisser tout ce qui est de l'enfant pour tendre vers ce qui est de l'homme de foi fait..

À méditer : Galates 4 : 1 ; 1 Corintiens 13 : 11

Jour 31

FAIS TOMBER LE VOILE

«C'est ainsi qu'il chassa Adam; et il mit à l'orient du jardin d'Eden les chérubins qui agitent une épée flamboyante, pour garder le chemin de l'arbre de vie.» (Genèse 3 : 24)

La Bible nous parle de l'amitié ou de l'intimité qu'il y avait entre Adam et Dieu. Celui-ci venait en soirée dans le jardin lui rendre visite. Devant Dieu, Adam et Ève étaient nus jusqu'à ce qu'ils mangent le fruit de l'arbre de la connaissance du bien et du mal.

C'est à partir de ce moment-là qu'ils ont commencé à faire des cachotteries à Dieu et à fuir Sa présence. Ils ont caché leurs parties intimes à Dieu en se couvrant, parce qu'ils ont eu honte de leur condition, de ce qu'ils étaient nus. Or, devant un ami, on n'éprouve aucune honte.

Dans une relation, lorsque l'un a honte de quelque chose devant l'autre, c'est qu'ils n'ont pas atteint le degré ultime de l'intimité. Il se trouve encore dans leur amitié quelques voiles. Le voile empêche de voir.

De la même manière, quand Dieu cache quelque chose, il met sur cette chose un voile pour que les gens ne la voient pas. La présence de cette chose n'est plus visible, elle est cachée, voilée. Le mot voile est lié à la vision. Quand on te dit de te voiler, on ne te demande pas de ne couvrir que tes che-veux, mais toute la tête en réalité. Lorsque le voile couvre ton visage, il empêche les gens de te voir correctement et toi aussi de les voir distinctement.

Rappelle-toi qu'Eden représente la présence de Dieu qui était en Adam. C'est le bonheur suprême, la paix intérieure. En péchant, Adam et Eve ont été chassés de cette présence dont Dieu leur a ensuite interdit l'accès en y plaçant des anges ar-més d'épées flamboyantes. Dieu a mis un voile sur

Éden. Pour y retourner, l'homme devra reconquérir l'intimité per-due; c'est cette intimité qui fera tomber le voile.

ACTION ET PRIÈRE DU JOUR : Je dois me battre pour conquérir l'inti-mité avec Dieu, afin de faire tomber le voile pour accéder à la dimension d'Eden. Je demande au Seigneur la grâce d'y parvenir, au nom de Jésus, amen !

À méditer : Genèse 3 : 8-10 ; Génèse 3 : 24 ; 2 Corinthiens 3 :18

PRIÈRE DU SALUT

Si tu n'as jamais donné ta vie à Jésus-Christ, saisis-en cette opportunité, en répétant la prière suivante avec foi :

Mon Dieu, mon Père Céleste, je viens auprès de Toi au nom de Jésus-Christ. Ta Parole déclare : Quiconque invoquera le nom du Seigneur sera sauvé. Je demande pardon pour mes péchés, je demande à Jésus de venir dans mon cœur et de devenir le Seigneur de ma vie.

Je crois dans mon cœur et je confesse que Jésus est le Seigneur, qu'Il est mort pour mes péchés et que Dieu L'a ressuscité des morts. Je dé-clare que je suis sauvé, je suis né de nouveau, je suis un enfant de Dieu.

Je reçois la vie éternelle dans mon esprit. Maintenant j'ai Christ qui demeure en moi, et Celui qui vit en moi est plus grand que celui qui est dans le monde. Je marche dans la conscience de ma nouvelle vie en Christ Jésus. Amen !

Félicitations !
Tu es désormais un enfant de Dieu. Pour apprendre comment grandir spirituellement, veuille nous contacter à l'une des adresses ci-dessous :

Eglise Vases d'Honneur, Amis des nouveaux 28 BP 1653 Abidjan 28.
Dje Lou Neri : (+ 225) 40583528/Fredy Mehy : (+225) 07937519 ;
Email : adnkodesh@vasesdhonneur.info

MOIS 4

	MATIN	cochez	SOIR	cochez
1	Juges 6-7		Luc 8:1-21	
2	Juges 8-9		Luc 8:22-56	
3	Juges 10-11		Luc 9:1-36	
4	Juges 12-14		Luc 9:37-62	
5	Juges 15-17		Luc 10:1-24	
6	Juges 18-19		Luc 10:25-42	
7	Juges 20-21		Luc 11:1-28	
8	Ruth		Luc 11:29-54	
9	1 Samuel 1-3		Luc 12:1-34	
10	1 Samuel 4-6		Luc 12:35-59	
11	1 Samuel 7-9		Luc 13:1-21	
12	1 Samuel 10-12		Luc 13:22-35	
13	1 Samuel 13-14		Luc 14:1-24	
14	1 Samuel 15-16		Luc 14:25-35	
15	1 Samuel 17-18		Luc 15:1-10	
16	1 Samuel 19-21		Luc 15:11-32	
17	1 Samuel 22-24		Luc 16:1-18	
18	1 Samuel 25-26		Luc 16:19-31	
19	1 Samuel 27-29		Luc 17:1-19	
20	1 Samuel 30-31		Luc 17:20-37	
21	2 Samuel 1-3		Luc 18:1-17	
22	2 Samuel 4-6		Luc 18:18-43	
23	2 Samuel 7-9		Luc 19:1-28	
24	2 Samuel 10-12		Luc 19:29-48	
25	2 Samuel 13-14		Luc 20:1-26	
26	2 Samuel 15-16		Luc 20:27-47	
27	2 Samuel 17-18		Luc 21:1-19	
28	2 Samuel 19-20		Luc 21:20-38	
29	2 Samuel 21-22		Luc 22:1-15	
30	2 Samuel 23		Luc 22:15-30	

	MATIN	cochez	SOIR	cochez
1	Nombres 28-29		Psaumes 91	
2	Nombres 30-31		Psaumes 92	
3	Nombres 32		Psaumes 93	
4	Nombres 33		Psaumes 94	
5	Nombres 34		Psaumes 95	
6	Nombres 35		Psaumes 96	
7	Nombres 36		Psaumes 97	
8	Deutéronome 1		Psaumes 98	
9	Deutéronome 2-3		Psaumes 99	
10	Deutéronome 4:1-43		Psaumes 100	
11	Deutéronome 4:44-5:33		Psaumes 101	
12	Deutéronome 6-7		Psaumes 102	
13	Deutéronome 8		Psaumes 103	
14	Deutéronome 9		Psaumes 104	
15	Deutéronome 10-11		Psaumes 105	
16	Deutéronome 12:1-14:2		Psaumes 106	
17	Deutéronome 14:3-16:17		Psaumes 107	
18	Deutéronome 16:18-18:22		Psaumes 108	
19	Deutéronome 19-20		Psaumes 109	
20	Deutéronome 21-22		Psaumes 110	
21	Deutéronome 23		Psaumes 111	
22	Deutéronome 24-25		Psaumes 112	
23	Deutéronome 26		Psaumes 113	
24	Deutéronome 27		Psaumes 114	
25	Deutéronome 28		Psaumes 115	
26	Deutéronome 29		Psaumes 116	
27	Deutéronome 30		Psaumes 117	
28	Deutéronome 31:1-29		Psaumes 118	
29	Deutéronome 31:30-33:29		Psaumes 119 : 1-90	
30	Deutéronome 34		Psaumes 119 : 90-176	
31	Josué 1		Psaumes 120	

MOIS 4

365 DÉVOTIONS QUOTIDIENNES EN 12 LIVRES

MESSAGES *pour la* Vie

1

31 Dévotions quotidiennes pour organiser et ordonner ta vie selon Dieu

MOHAMMED SANOGO

MESSAGES *pour la* Vie

2

28 Dévotions quotidiennes pour découvrir les secrets de la lumière intérieure

MOHAMMED SANOGO

MESSAGES *pour la* Vie

3

31 Dévotions quotidiennes pour apprendre quelques lois sur les priorités divines

MOHAMMED SANOGO

MESSAGES *pour la* Vie

4

30 Dévotions quotidiennes pour grandir dans l'intimité avec Dieu

MOHAMMED SANOGO

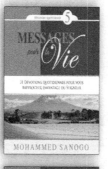

MESSAGES *pour la* Vie

5

31 Dévotions quotidiennes pour vous rapprocher davantage du Seigneur

MOHAMMED SANOGO

MESSAGES *pour la* Vie

6

30 Dévotions quotidiennes pour vous rapprocher davantage du Seigneur

MOHAMMED SANOGO

MESSAGES *pour la* Vie

7

31 Dévotions quotidiennes pour vous rapprocher davantage du Seigneur

MOHAMMED SANOGO

MESSAGES *pour la* Vie

8

31 Dévotions quotidiennes pour vous rapprocher davantage du Seigneur

MOHAMMED SANOGO

MESSAGES *pour la* Vie

9

30 Dévotions quotidiennes pour vous rapprocher davantage du Seigneur

MOHAMMED SANOGO

MESSAGES *pour la* Vie

10

31 Dévotions quotidiennes pour vous rapprocher davantage du Seigneur

MOHAMMED SANOGO

MESSAGES *pour la* Vie

11

30 Dévotions quotidiennes pour vous rapprocher davantage du Seigneur

MOHAMMED SANOGO

MESSAGES *pour la* Vie

12

31 Dévotions quotidiennes pour vous rapprocher davantage du Seigneur

MOHAMMED SANOGO

ABONNEZ-VOUS

Les 3 avantages de vous abonner

1. Ne pas rater un seul numéro publié du dévotionnel «Messages pour la Vie»;
2. Être servi en priorité, surtout si le stock est limité ;
3. Economiser votre argent en souscrivant à un abonnement trimestriel, semestriel ou annuel :

ABONNE-MENT	PRIX	AU LIEU DE	ECONOMIE
Mensuel	5.000 FCFA	-	Non économique
Trimestriel	13.500 FCFA	~~15.000 FCFA~~	1.500 FCFA
Semestriel	24.000 FCFA	~~30.000 FCFA~~	6.000 FCFA
Annuel	42.000 FCFA	~~60.000 FCFA~~	18.000 FCFA

Souscription partenaire

Si vous désirez soutenir la distribution gratuite des dévotionnels «Messages pour la vie» dans les écoles, universités, hôpitaux, prisons etc., souscrivez pour donner volontairement un montant de votre choix. Nous vous disons d'avance merci pour votre générosité qui nous permettra d'impacter positivement plus de vies.

Consultez la fiche d'abonnement sur la page sui-vante, détachez-la et renvoyez-là nous dûment remplie.

MESSAGES POUR LA VIE
Fiche d'Abonnement

Prénom : _____

Nom : _____

Pays : _____

Ville : _____

Adresse : _____

_____

Boite Postale : _____

Téléphone : _____

Email : _____

JE SOUSCRIS À L'ABONNEMENT :

☐ Mensuel : **5.000 FCFA** chaque mois
☐ Trimestriel : **13.500 FCFA** tous les 3 mois
☐ Semestriel : **24.000 FCFA** tous les 6 mois
☐ Annuel : **42.000 FCFA** une seule fois pour toute

JE SOUSCRIS AU PARTENARIAT pour la distribution
gratuite des livres «Messages pour la Vie».
Montant : _____FCFA

☐ Une seule fois
☐ Chaque mois
☐ Chaque trimestre
☐ Chaque semestre

Signature

Coupez et envoyez-nous la fiche dûment rempli

Made in the USA
Las Vegas, NV
04 March 2021